工业互联网与制造业融合应用系列丛书

U0725057

工业互联网
+钢铁

钢铁行业工业互联网创新实践

工业互联网产业联盟 编

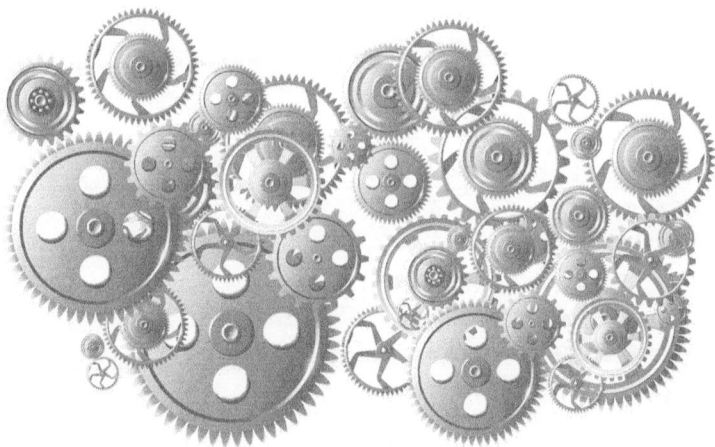

人民邮电出版社

北京

图书在版编目（CIP）数据

工业互联网+钢铁 : 钢铁行业工业互联网创新实践 /
工业互联网产业联盟编. -- 北京 : 人民邮电出版社,
2023.6
（工业互联网与制造业融合应用系列丛书）
ISBN 978-7-115-61591-6

Ⅰ. ①工… Ⅱ. ①工… Ⅲ. ①互联网络－应用－钢铁
工业－工业发展－研究－中国 Ⅳ. ①F426.31-39

中国国家版本馆CIP数据核字(2023)第062898号

内 容 提 要

本书对钢铁行业的发展现状与未来发展需求进行了总结，系统梳理了工业互联网赋能钢铁行业的应用场景，同时结合钢铁行业实际情况，设计了钢铁行业工业互联网实施架构，并从网络、标识、平台、安全 4 个角度阐述了其具体建设内容。最后本书系统剖析了 18 个实际案例，给出了钢铁行业工业互联网供应商名录，列举了钢铁行业工业互联网大数据分类。

本书适合钢铁行业企业的管理者、行业分管部门及行业协会从业人员，以及对工业互联网、工业数字化相关领域感兴趣的供应商阅读。

◆ 编　　　　　工业互联网产业联盟
　　责任编辑　苏　萌
　　责任印制　马振武
◆ 人民邮电出版社出版发行　　北京市丰台区成寿寺路 11 号
　　邮编　100164　　电子邮件　315@ptpress.com.cn
　　网址　https://www.ptpress.com.cn
　　固安县铭成印刷有限公司印刷
◆ 开本：700×1000　1/16
　　印张：11.5　　　　　　　　　2023 年 6 月第 1 版
　　字数：125 千字　　　　　　　2023 年 6 月河北第 1 次印刷

定价：79.80 元

读者服务热线：(010)81055493　印装质量热线：(010)81055316
反盗版热线：(010)81055315
广告经营许可证：京东市监广登字 20170147 号

编 委 会

上海优也信息科技有限公司
李志芳、金周
攀钢集团成都积微物联集团股份有限公司
陈水全、龙勇、何礼仁、王浩、杨文伟
北京首钢自动化信息技术有限公司
石云峰、孙玲、王学文
中冶赛迪重庆信息技术有限公司
李强、张伟、于目奎
北京天泽智云科技有限公司
晋文静、董明磊、雷阳
山东莱钢永锋钢铁有限公司
韩立勇、李彬、严文彬、朱新雄、王乐良、李波
湖南镭目科技有限公司
田陆、罗辉林
朗坤智慧科技股份有限公司
毛旭初、潘惠梅
深圳鲲云信息科技有限公司
陈淳、郑焕佳

工业互联网是新一代信息通信技术与工业经济深度融合的关键基础设施、应用模式和工业生态，它通过对人、机、物、系统等的全面连接，构建起覆盖全产业链、全价值链的全新制造和服务体系，为工业乃至产业数字化、网络化、智能化发展提供了实现路径，它是第四次工业革命的重要基石。党中央、国务院高度重视工业互联网发展，围绕顶层设计、项目试点、集群发展、生态构建等方面开展了一系列工作。在政产学研用各方的共同努力下，我国工业互联网进入快速成长期，基础设施支撑能力不断完善，"5G+ 工业互联网"在重点领域和优势区域进行示范推广，行业融合应用持续深化，平台化设计、智能化制造、个性化定制、服务化延伸、数字化管理、网络化协同六大类典型应用模式初步形成。

钢铁行业是我国国民经济的支柱性产业，是关系国计民生的基础性行业，在我国工业现代化进程中发挥了不可替代的作用。近年来，钢铁行业基于国内外发展形势和自身转型升级需求，不断推进工业互联网建设与实践，提质、增效、降本、绿色、安全发展成效初显，一批数字化车间、智能工厂和"5G+ 工业互联网"示范标杆不断涌现。但我国钢铁行业的工业互联网融合应用仍以点状探索为主，尚未形成可复制、可推广的经验模式，大量企业在不同程度上还存在对工业互联网价值认识不到位、应用模式不清晰、建设路径待摸索等问题，在"建不建、怎么建、找谁建"等问题上徘徊不前，一套清晰的钢铁行业工业互联网融合应用方法论对行业转型具有重要参考和促进价值。

为加快推进工业互联网与钢铁行业融合创新应用，促进行业转型升级与高质量发展，工业互联网产业联盟联合各相关行业组织编制了"工业互联网与制造业融合应用系列丛书"。本书由工业互联网产业联盟与中国钢铁工业协会、中国金属学会打造，旨在为钢铁行业工业互联网建设过程中的需求场景识别、应用模式打造、关键系统构建和组织实施提供参考借鉴。

本书共分为9章。第1章为概述。第2章从钢铁行业融合应用场景需求出发，梳理形成工业互联网应用总体视图。第3章结合需求，基于工业互联网体系架构形成钢铁行业总体实施架构。第4章至第7章深入剖析网络设施、标识解析体系、平台和安全防护体系等建设部署路径。第8章总结钢铁企业应用工业互联网开展数字化转型的方法步骤。第9章分享了部分典型钢铁企业融合应用场景案例。最后，本书给出了相关应用领域的供应商名录，为企业建设工业互联网提供借鉴。

本书在编写过程中获得了众多专家的指导与帮助。特别感谢中国工程院毛新平院士对本书的全面指导。同时，赵慧玲、石洪卫、张卫冬、高怀、孙彦广、张云贵、刘斓冰、施灿涛、吴秀婷、俞鸿毅、丛力群、李红、黄培、陈源等专家在本书成稿过程中也提出了许多建设性意见，在此一并致谢。

工业互联网与钢铁行业融合应用总体处于起步阶段，当前我们对实施路径的探索也是初步和阶段性的，后续我们将根据实践情况和来自各界的反馈意见，在持续深入研究的基础上适时修订和发布新版报告。

第 1 章

概　　述

Chapter 1

1.1 编制背景

为适应钢铁行业数字化转型需求，促进钢铁企业提质、增效、降本、绿色、安全发展，本书充分结合工业互联网体系架构设计方法与国内外实践路径编制，旨在为钢铁企业工业互联网建设规划和融合应用提供实施方法与路径参考。

1.2 适用范围

本书适用于黑色金属冶炼和压延加工业［《国民经济行业分类》（GB/T 4754—2017）行业代码 31］，包含炼铁、炼钢、钢压延加工和铁合金冶炼等各类制造企业，既适用于具有良好自动化、信息化基础的钢铁企业，也适用于数字化基础较弱、有进一步改造提升需求的钢铁企业。

1.3 编制框架

本书共分为 9 章。第 1 章为概述。第 2 章从钢铁行业融合应用场景需求出发，梳理形成工业互联网应用总体视图。第 3 章结合需求，基于工业互联网体系架构形成钢铁行业总体实施架构。第 4 章至第 7 章深入剖析网络设施、标识解析体系、平台和安全防护体系等建设部署路径。第 8 章总结钢铁企业应用工业互联网开展数字化转型的方法步骤。第 9 章对钢铁行业工业互联网典型案例进行了总结。最后，本书给出了相关应用领域的供应商名录，为企业实施工业互联网提供借鉴。

第 2 章
钢铁行业融合应用场景需求

Chapter 2

我国钢铁行业规模领跑全球，2020 年我国钢铁产量已达 10.6 亿吨（粗钢），位居全球第一，是第二名的 10 倍以上，一批钢铁材料、产品和工艺技术取得突破，达到世界先进水平。但我国钢铁行业在实现高质量发展方面，正面临质量效益有待提升、节能绿色低碳刚性约束日趋强化、本质安全压力大等挑战。

2.1　我国钢铁行业数字化现状

我国钢铁行业已初步具备较好的自动化和信息化基础。钢铁行业作为我国国民经济支柱性产业，历来重视与先进制造技术和信息技术的结合发展，已形成较为完备的自动化、信息化体系架构，如主工序装备实现了较好水平的自动化控制，ERP（企业资源计划）、MES（制造执行系统）解决方案已经普遍应用于大型钢铁企业等，生产、管理、供应链等流程初步实现了工序衔接和数据贯通，有效支撑了钢铁行业实现大批量、标准化和成本可控的生产运营。统计显示，2021 年我国冶金行业两化融合指数上升至 59.9，关键工序数控化率达到 70.1%，生产设备数字化率达到 51.3%，数字化水平在所有行业中处于相对较高水平。

2.2　融合应用需求

工业互联网作为新一代信息通信技术与制造技术融合的产物，在钢铁行业数字化、网络化、智能化发展中正逐渐发挥核心支撑作用，助力钢铁行业实现提质、降本、增效，打造绿色、安全的生产体系。

一是提升生产效率。构建一体化生产管控体系，形成以生产计划为主线，贯穿生产制造全过程的业务协同机制，提高各工序、各业务、各基地的生产组织和协同程度，同时提高生产管控智能化水平，形成专家经验与数据相结合的生产操作与生产管理模式。

二是提升产品质量稳定性。推动产品设计标准化和智能化，实现质量缺陷预分析与报警、工艺参数在线监控、产品质量动态改进等全流程控制和一贯制管理，建立事前预防控制、事中过程控制、事后检验把关和反馈优化的产品质量管理体系。

三是降低运营成本。依托工业互联网打通经营管理系统与生产执行系统，打造数据驱动、敏捷高效的精益管理体系，提高市场及时响应、成本精细管控、管理决策等水平，不断优化资源配置效率，降低成本。

四是助力绿色生产。提升钢铁生产流程的整体紧凑程度，减少跨工序协同不足导致的能耗、物耗。同时加强能源集成化和智能化管控，实现能源动态平衡和优化利用，改变原来分散式的能源管理模式，助力钢铁行业实现低碳的绿色化生产。

五是提高安全水平。提高全要素连接能力和数据采集能力，实现对生产现场、产业园区等区域的全方位监控与高精度识别，助力安全管理模式由事后应急处置向事前分析预警转变。

需要注意的是，工业互联网是支撑钢铁行业实现高质量发展的重要路径，但行业全方位转型升级还基于其自身产品、工艺、装备等各领域的发展进步。

2.3 融合创新应用场景

工业互联网赋能钢铁行业形成平台化设计、智能化制造、个性化定制、服务化延伸、数字化管理及网络化协同六大应用模式，覆盖 29 个应用场景，初步形成 91 个具体应用，如图 2-1 所示。

图 2-1　钢铁行业工业互联网创新应用场景总览

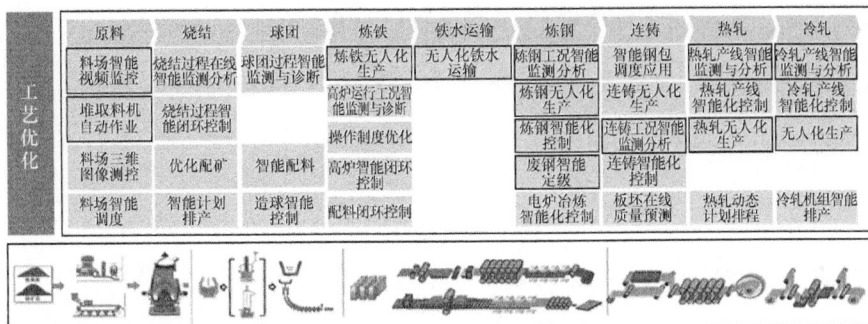

注：☐ 代表5G应用场景

图2-1　钢铁行业工业互联网创新应用场景总览（续）

1. 平台化设计

将钢铁行业产品、工艺、工厂的各类信息以智能化模型等形式表达，依托工业互联网平台组织研发创新相关资源，结合人工智能、虚拟现实等新一代信息技术，形成数据驱动、虚实映射、高效协同的新型研发模式。设计研发类业务与工业互联网应用方式对应如图 2-2 所示。

模式	业务		
	新材料开发	工艺数字化设计	三维工厂数字化设计与交付
基本属性数字化表征	●	●	●
数据深度分析	●		
基于平台的协同工程			

图2-2　设计研发类业务与工业互联网应用方式对应

（1）新材料开发

传统的钢材设计主要依靠经验与知识的积累，通过大量的实验测试进行研发。企业可依托工业互联网，建立材料开发全链条数据库，结合冶金原理、模型及工业大数据深度挖掘所获得的知识，指导材料制造中的成分控制范围，构建以大数据和材料信息学为基础的钢材研发体系。

（2）工艺数字化设计

传统模式下的热轧产品工艺设计是基于产品要求、技术规范、工程师经验确定的产品工艺生产规范，产品质量控制精度不高。基于工业互联网平台，根据差异化的钢种、规格与用途建立不同产品从加热到轧制完成的工艺规范库，实现工艺模型的数字化表达以及设计效率的显著提升。

（3）三维工厂数字化设计与交付

在工厂产线设计环节，运用数字化协同设计软件进行工厂建模、仿真分析等，基于统一的数字化交付平台进行工厂模型数据交付，打通设计体系与运维体系，真正实现工厂全生命周期的数字化管理。

案例1：工程数字化设计与交付

工程数字化设计与交付：传统工厂工程设计均采用以纸介质为主的交付方式，中冶赛迪重庆信息技术有限公司基于工业互联网平台开发了大量的参数化设计软件，设计师直接输入计算参数，可自动生成相应的三维模型，工程量也可被自动导出。此外，该系统可以集成并存储相应的设计数据，并支持施工单位填报实际工程量。在系统中进行预算工程量和实际工程量比对，进而实现精细化的跟踪和管理，帮助业主和 EPC（设计—采购—施工）方实现合理的工程项目投资控制。另外，中冶赛迪重庆信息技术有限公司在宝钢集团广东韶关钢铁有限公司、武汉钢铁（集团）公司等项目中使用数字化交付手段，帮助业主把运营数据集成到静态数字孪生系统上，让业主掌握工厂正在发生的一切，以便做出实时、科学的决策。

2. 智能化制造

深化 5G、大数据、人工智能等新一代信息技术在生产全流程的应用力度，全面提升钢铁行业生产操作与生产管理的智能化水平，实现生产智能管控和运营智慧决策，打造全流程动态优化和精准决策的生产模式。生产制造类业务与工业互联网应用方式对应如图 2-3 所示。

模式	工序													
	原料	烧结	球团	炼铁	铁水运输	炼钢	连铸	热轧	冷轧	工序协同优化	能源管理	设备管理	质量管理	安全管理	环保管理
智能机器换人	●			●	●	●	●	●	●		●	●		●	●
监控诊断分析	●	●	●	●	●	●	●	●	●	●	●	●	●	●	●
工艺控制优化		●	●	●	●	●	●	●	●	●			●		
平台集中管控	●	●	●	●	●	●	●	●	●	●			●	●	●

图 2-3　生产制造类业务与工业互联网应用方式对应

（1）生产过程优化

钢铁行业生产制造工序多、工艺复杂，在传统生产过程中人力与经验依赖较为严重。基于工业互联网改变各工序原有运转模式：一是在生产环境危险系数较高、人员劳动量较大的场景实现机器换人；二是通过先进传感技术实现人员状态、设备状态、物料状态、环境状态与其他工况的监控分析；三是将数据建模与机理建模结合，全面实现工序控制优化。

细分场景 1：原料

传统料场管理粗放，自动化水平低。围绕这一场景，工业互联网可带来四大方面的应用创新，一是**料场智能视频监控**，通过运用图像识别、视频监控、无线传输等技术，实现远程料场环境实时智能化监控。二是**堆取料机自动作业**，通过运用无线定位技术实现堆取料机实时位置检测，实现堆取料机远程操控。三是**料场三维图像测控**，应用三维全息摄影、超声波、微波、激光等设备与技术，对料堆的三维形状进行扫描并建模，快速获取料堆数据，实现自动堆取料控制、料场生产计划智能配置等多种用途。四是**料场智能调度**，通过综合料堆实时数据、皮带的状态数据和库存信息，结合作业计划模型，实现料场调度优化。

细分场景 2：烧结

烧结是矿粉造块的主要方式之一。围绕这一场景，工业互联网可带来四大方面的应用创新，一是**烧结过程在线智能监测分析**，通过应用高清红外热成像装置等传感设备及机器视觉等先进技术，结合相关分析模型，实现对烧结混合料粒度、点火炉料面、烧结机尾等工况进行智能化识别；结合边缘计算、大数据等技术，对烧结不同阶段物料的物理、化学成分与性质进行分析与预测。二是**烧结过程智能闭环控制**，基于对烧结过程关键参数的直接测量及复杂参数的智能分析预测，结合烧结料混匀、烧结点火及终点控制等相关智能控制模型，不断优化工艺控制参数，开展烧结全过程协同智能化闭环控制。三是**优化配矿**，基于烧结配料性质、烧结矿质量等信息，以及库存限制、化学成分等约束条件，建立、训练智能化的烧结配料优化相关模型，能够结合烧结工况过程变化，实现持续快速迭代更新的多目标配料优化，相较于传统依赖经验的简易理论及线性规划相关方法，配料精度大幅度提升。四是**智能计划排产**，打通烧结计划制订和生产操作环节，运用工艺理论模型算法，综合考虑生产计划、原料需求、烧结料仓状态，自动制订烧结生产计划和执行方案，从而使生产组织计划直接指导生产方案。

细分场景3：球团

球团是矿粉造块的一道重要工序，同时球团矿也是重要的高炉炉料。围绕这一场景，工业互联网可带来三大方面的应用创新，一是**球团过程智能监测与诊断**，通过机器视觉等技术实现对生球粒度分布的在线识别，同时基于机理模型进行物料平衡和热量平衡计算，结合回转窑进行窑体、窑内实时温度监测数据，借助数据挖掘技术，实现水分联动智能分析、回转窑窑况智能分析、热平衡智能分析、生产状态体检等，为优化生产操作提供决策支持。二是**智能配料**，在多个供应商、品种变化频繁的原料条件下，结合机理模型和智能算法，实现既能满足成品球团矿质量要求、又能使成本最低的配料优化。三是**造球智能控制**，利用对生球粒度分布的在线识别结果，结合机理模型和人工操作经验，实现造球工序智能化控制，提高生球合格率。

细分场景4：炼铁

高炉"黑箱"原理复杂，传统操作依赖人工经验，生产效率有待提高。围绕这一场景，工业互联网可带来五大方面的应用创新，一是**炼铁无人化生产**，通过部署工业六轴机械手、炮泥分离机构、无人物料运输车及夹钎机构等炉前智能装备，在开口、堵口、加泥、换钎等工作上开展机器换人，实现炉前工作远程操控。通过部署自动抓渣无人行车，实现高炉出渣无人化作业，现场人员工作强度大幅减少。二是**高炉运行工况智能监测与诊断**，通过运用高清红外热成像装置及机器视觉等先进技术，实现高炉料面、高炉及热风炉关键部位温度的在线监测，结合相关分析模型，实现高炉风口、布料料面、高炉炉温、炉缸侵蚀状态等设备与物料状态的分析预测，为炉况调节提供决策支撑。三是**操作制度优化**，运用机理建模技术，解析高炉从上部布料至下部出渣出铁整个过程的规律，结合大数据分析技术对历史工况数据进行分类，自动提取高产、低耗等绩优工况时期内的操作制度控制标准，实现基本操作制度优化。四是**高炉智能闭环控制**，依托机理模型库资源，结合专家知识、寻优算法、智能软测量技术及全方位实时监测数据，开展对铁水成分、温度的历史数据分析与预测，高炉及热风炉控制参数优化。五是**配料闭环控制**，基于高炉全炉物料平衡模型，结合现场配料专家控制策略，在原料波动、渣铁成分（理论与实际）偏差等情况下进行配料计算设计，自动重新进行配料校核、碱度校核，实现配料闭环控制，稳定入炉综合原料及渣铁成分。

细分场景 5：铁水运输

铁水运输是铁钢界面的生命纽带，是钢厂物流系统与生产联系最紧密的环节。综合利用 5G、人工智能、数字孪生、高精度控制等技术，基于智慧铁水运输系统实现生产现场运输状态、动作、路线等实时监控、远程控制与智能调度，可实现无人化铁水运输。

细分场景 6：炼钢（长流程 + 短流程）

长流程转炉炼钢是目前我国主要的工业炼钢方法。围绕这一场景，工业互联网可带来三大方面的应用创新，一是**炼钢工况智能监测分析**，通过应用软测量、机器视觉等先进技术，结合相关分析模型，开展对炉口火焰、钢水液面等炼钢工序工况的智能化分析判断，实现对炼钢过程中钢水成分、温度的实时监测，支撑炼钢终点的精准预测。二是**炼钢无人化生产**，通过在铁水预处理、精炼等环节部署测温取样机器人等智能装备，实现无人化操作。三是**炼钢智能化控制**，通过在铁水预处理、炼钢、精炼等环节部署智能控制模型，结合对转炉炼钢过程的监控与预测，实现炼钢工序过程控制的智能化提升。通过综合开展智能检测分析、无人化生产及智能化控制，实现"一键脱硫""一键炼钢""全自动出钢"等炼钢工序的一键操作。短流程炼钢主要以废钢为原料，围绕这一领域，工业互联网可带来两大方面的应用创新，一是**废钢智能定级**，基于标识解析、机器视觉等开展废钢的图像数据、属性数据、检测数据集成分析，实现废钢定级机器换人，大幅提高废钢定级效率。二是**电炉冶炼智能化控制**，基于先进的钢水液面检测等先进传感技术，结合加料、供电、吹氧、喷碳等系统的协调优化，提高电炉冶炼智能化水平。

细分场景 7：连铸

连铸工序涉及钢包调度、浇钢工艺控制等多个环节。围绕这一场景，工业互联网可带来五大方面的应用创新，一是**智能钢包调度应用**，通过跟踪各单体设备的主要运转状况，综合分析温度、质量等数据，结合钢种约束等状况，按照温度最佳等原则，可实现钢包调度优化。二是**连铸工况智能监测分析**，通过机器视觉等技术，结合智能化分析模型，对钢液冷却凝固成型过程温度变化、连铸坯表面质量等进行监测分析，支撑连铸过程的精准控制。三是**连铸智能化控制**，基于对连铸关键控制参数的智能监测，结合基于人工智能等技术建立的二冷、压下相关控制模型，开展关键控制参数的智能优化。四是**板坯在线质量预测**，基于判定规则及大数据分析，实现板坯质量的在线预测判定，为工艺参数优化提供辅助支撑。五是**连铸无人化生产**，通过在连铸环节部署测温取样、自动添加覆盖剂、自动分拣覆盖剂、自动装卸长水口、自动加渣、自动喷号标识等各类型机器人，实现连铸的无人化生产作业。

细分场景 8：热轧

热轧是轧制工艺主要种类之一，通过加热的方式破坏钢锭的铸造组织，细化钢材的晶粒，从而改善钢材的力学性能。围绕这一场景，工业互联网可带来四大方面的应用创新，一是**热轧产线智能监测与分析**，利用各类检测仪表设备及机器视觉等先进技术，实现对加热炉运行状态及热轧带钢表面缺陷、带钢位置跑偏与扣翘头、镰刀弯、飞剪头等形态、位置的在线检测与分析。二是**热轧产线智能化控制**，基于加热炉运行状态及热轧带钢尺寸形态、位置、表面缺陷等属性的在线检测分析结果，结合热轧相关智能化控制模型，实现热轧加热炉及轧制的智能化控制。三是**热轧无人化生产**，通过部署高温焊接机器人、喷标机器人等智能装备，实现热轧作业效率提升。四是**热轧动态计划排程**，通过部署热轧排程系统，加强排程计划与生产的数据互动，综合考虑用户质量需求与产品成本，实现热轧工序排程优化。

细分场景 9：冷轧

冷轧是以热轧板卷为原料，在常温下开展的轧制过程，与热轧环节类似。围绕冷轧场景，工业互联网可带来四大方面的应用创新，一是**冷轧产线智能监测与分析**，通过应用智能化检测设备及机器视觉等先进技术，部署打滑预测分析、带钢跑偏预测分析、轧辊表面缺陷分析、断带预测分析等各类模型，实现带钢表面质量、力学性能、板形、卷型、轧辊表面、锌液成分等的在线检测，以及冷轧运行的预测分析，为生产操作提供支撑。

二是**冷轧产线智能化控制**，基于冷轧工况的智能监测分析数据，结合退火炉、轧机、酸洗、平整机等设备产线智能化控制模型，及时调整工艺参数，实现生产操作优化。三是**无人化生产**，通过部署捞渣机器人、喷标机器人及拆捆机器人等智能装备，提升冷轧作业效率。四是**冷轧机组智能排产**，综合考虑冷轧原料的品种、规格等信息，结合轧制过程控制模型与设备状态数据，基于工业互联网平台进行集成分析，实现冷轧工序排产优化。

（2）工序协同优化

钢铁生产工序流程长、连续性要求高，基于传统信息化、自动化系统难以实现连续工序之间的高效协同，导致不必要的物质与能量损失。围绕工序协同场景，基于工业互联网建立各类型集控中心，可带来两大方面应用创新，一是**各主要工序内部协同**，基于集成化平台系统实现铁、钢、轧等主要工序内部多环节、多业务的协同优化，工序内部协同主要包含**炼铁工序协同、炼钢工序协同、轧钢工序协同**等。二是**跨工序协同**，利用钢铁工艺流程优化界面技术，打通相邻工序间的 PCS（过程控制系统）、MES、ERP 系统，实现跨工序的一体化作业计划与生产管控，跨工序协同主要包含**铁钢界面优化、铸轧界面优化**等。基于工业互联网实现的多工序协同，实现了如铁前烧结、焦化、高炉的一体化配矿，铁水、钢水无缝衔接运输等更广范围的生产协同，资源的利用效率大大提升，在环境资源约束趋紧的当下具有重要意义。

（3）能源管理

钢铁行业是高耗能行业，能源管控是钢铁企业重要业务之一。围绕这一场景，工业互联网可带来五大方面应用创新，一是**能源监控**，通过

5G 等先进网络实时采集能耗数据，实现全方位的用能情况感知。二是**能源诊断分析**，利用分析模型对能源数据进行深度挖掘，对用能合理性进行诊断分析，为能源管理决策提供支撑。三是**能源计划**，通过平台集成 ERP、MES 等系统内的生产计划及设备定检修计划，根据能源用户需求，借助平衡计算公式，实现各类能源介质供需计划的灵活制订，有效提升用能合理程度。四是**能源预测**，通过用能计划、设备定修计划等信息，构建能源消耗预测模型，开展能源中长期预测和基于数据驱动的能源实时动态预测，为能源优化调度提供决策支撑。五是**能源调度**，基于用能情况、生产实际、能源价格等建立优化调度模型，结合能源预测等数据，开展多能量流协同管控，实现全局能源动态平衡与优化调度，保障供能平稳、高效。

案例2：能源管理应用

产线级能源介质消耗智能管控：加强能源管理，推进绿色改造升级是钢铁行业未来发展的重要战略目标和任务，当前多数企业能源消耗预测凭借人工经验进行，能源计划粗放、未形成管理闭环。北京科技大学研发产线能源介质管控系统，从现场获取能源介质仪表数据和生产过程工艺数据，并将数据存储到能源介质数据中心，基于能源介质系统监控分析平台对数据进行集成分析处理，实现能源介质用量的集中监控、趋势分析与预测建模、诊断预警等，在线分析和预测每块轧件在各工序的能源介质消耗及相应成本。整套系统与平台成功应用于鞍山钢铁集团有限公司热轧 1780 产线、河北安丰钢铁集团有限公司热轧 1780 产线，实现产线节能 10% ～ 15%。

（4）设备管理

钢铁生产流程连续性强，设备性能劣化及设备故障将对产品质量与生产稳定性造成影响。围绕设备管理场景，工业互联网可带来三大方面应用创新，一是**在线健康监测**，通过在生产过程中采集设备实时运行数据，结合人工诊断专家规则库，实现设备健康状态全方位监测。二是**预测性维护**，结合设备历史运行数据，通过机器学习等技术建立设备健康模型，对设备当前运行数据进行深度分析，实现对设备故障智能化预警，并及时进行针对性维护。三是**智能故障分析**，在设备发生故障后，结合专家故障库对设备运行数据进行分析，找到故障原因，提升设备运维效率。

（5）质量管理

钢铁生产工序较长，质量管控难度大。围绕质量管控场景，工业互联网可带来四大方面应用创新，一是**生产前质量缺陷预分析及报警**，基于生产前工序及历史多维质量数据，使用大数据、在线及离线分析技术和各类专业规则模型，可实现生产缺陷的提前预知。二是**生产中主要工艺参数实时在线监控**，通过广泛采集生产全流程质量数据，结合大数据分析，可实现生产过程中对产品质量状态的快速感知。三是**产品质量动态改进**，通过建立质量工艺动态设计优化模型、在线判定模型、自动处置模型，对生产操作参数及时调整以改善产品质量。四是**智能化检化验**，通过部署取样、试验样品加工、实验室分析作业自动化系统及自动化分析系统，提升检化验操作的无人化水平，通过部署检化验样品立体仓库与系统，提升样品存放获取效率，通过部署检化验管理平台，实现对样品检化验数据及检化验设备的精准管控。

（6）安全管理

钢铁企业生产由于特殊的生产条件和工艺，往往具有较多的安全隐患。围绕安全管理场景，工业互联网可带来三大方面应用创新，一是**标准化安全管理**，以安全生产法、安全生产标准等为依据，构建基于工业互联网的标准化安全管理系统，通过固化流程提升安全管理工作标准化水平。二是**生产现场安全态势感知与预警**，基于地图整合安全风险分布、重大危险源、异常监测信号等信息，全方位展现安全生产态势，利用大数据技术，分析安全风险和隐患变化情况，实现对生产现场安全状况的全方位感知。三是**应急处理**，结合危险状态分析结果，通过平台实现应急预案推荐。

（7）环保管理

绿色环保是钢铁行业发展的核心主题之一。围绕环保管理场景，工业互联网可带来三大方面应用创新，一是**气体污染物浓度超限预警**，通过平台集成全厂污染物监测分析仪表数据，并对数据进行实时监测，实现污染物浓度超限预警，以支撑操作管理人员进行及时处置。二是**环保质量评价**，通过建立不同维度的环保质量评价模型，实现对企业环保状况的智能化诊断分析，并有针对性地提出改进措施建议。三是**资源综合利用管理**，通过在线监测技术、智能分析技术、协同平衡与优化调度技术，实现企业废钢、固废、合金等资源利用的全方位监控和优化管控。

3. 个性化定制

钢铁企业基于工业互联网平台深化与用户的交流沟通，打造柔性生产系统，通过对用户需求与生产计划的深度协同分析，实现小批量订单的定制化生产，满足多样性和个性化的钢铁市场需求。

（1）用户协同研发

钢铁企业基于工业互联网平台开展 EVI（供应商早期介入）服务，通过平台实现与下游用钢客户的信息互通，基于用户需求进行钢板材料可制造性分析、仿真性能优化分析、零件设计优化分析等，不断调整产品属性，将产业链条向下游延伸，开展增值服务。

案例3：用户协同开发

　　宝山钢铁股份有限公司汽车板 EVI 服务：钢铁行业传统 EVI 服务主要基于自身优势进行产品开发延伸，由于缺乏技术手段，与用户协同程度较低。宝山钢铁股份有限公司基于商用材料数据库建立汽车行业用钢板材料库，通过平台开展以数据为核心的用户深度协同，利用人工智能技术加速钢板材料制造分析过程，在助力下游企业打造高强度、轻量化车身结构的同时，还可有效降低客户的生产成本，解决方案个性化水平进一步提升。

（2）马赛克拼板

随着钢铁行业市场需求变化，小批量订单逐渐增多，围绕小批量订单生产，企业可基于平台汇聚订单需求与生产计划相关信息，开展基于订单的智能排产，将符合一定规则的一组订单"拼图"成一张轧制大板，进而"拼凑"成若干炉次的炼钢计划，最后组成一个连铸生产计划，实现小批量订单的个性化定制。

4. 服务化延伸

通过数字化钢材产品打通钢铁产业链上下游，基于产品模型构建和数据汇聚分析，形成钢铁产品衍生服务、钢铁生态服务等全新的商业服务模式。

钢铁产品从原料进厂、生产加工到产品销售流程复杂，物料管控难度大，基于工业互联网平台将原材料、生产过程、成本数据及用户信息等一系列数据集中统一收集，形成数据集合，在虚拟世界打造数字化钢材（钢卷、钢板等），可实现钢材信息灵活提取，为后续智慧钢铁生态提供数据基础，打造钢材实物与数字钢材相结合的交付方式，辅助下游用户进行质量、性能等产品属性查询，开展基于数据流通的增值服务。

5. 数字化管理

通过打通钢铁企业内部各个管理环节，打造数据驱动、敏捷高效的扁平式经营管理体系，实现管控可视化、市场变化及时响应、资源动态配置优化、战略决策智能分析等全新管理模式。企业管理类业务与工业互联网应用方式对应如图 2-4 所示。

模式	业务				
	物料仓储	碳资产管理	采购管理	财务管理	企业经营决策
智能机器换人	●				
监控诊断分析	●	●	●	●	●
业务环节优化	●		●	●	●
平台集中管控	●	●	●	●	●

图 2-4　企业管理类业务与工业互联网应用方式对应

（1）仓储物流

仓储管理是钢铁企业运营管理重点业务之一，传统仓储管理主要依靠人工，物流及库存成本较高。围绕仓储管理场景，工业互联网可带来三大方面的应用创新，一是**智能物料管理**，利用物联网、无线定位等技术，通过 3D 仿真方式，实时跟踪物料在运输、库房、产线的位置和状态，通过时、空转换方式，可显著提升物料信息透明化程度，支撑生产、运输等相关业务流程优化。二是**智能库存预警**，设置库存预警规则，结合产品市场价格等相关信息，可实现高库存等情况的动态警告，有效规避市场风险。三是**远程无人管控**，在钢卷库、板坯库、散料库等场所布置智能行车系统，结合机器视觉、5G、VR 等技术，可实现仓库远程实景监控与无人智能作业，仓储管理效率显著提升。

案例4：仓储管理应用

　　物料仓储智能化集中管理：传统物料仓储管理多采用单据、凭证、传票为载体，使用人工搬运、手工记录、电话沟通等方法，对物料和物流信息进行记录、处理、传递和反馈，极易出现差错而且信息滞后，管理者对物品在流动过程中的各个环节难以统筹协调，无法实现系统优化和实时监控，造成效率低下和人力、运力、资金、场地的大量浪费。在中国宝武钢铁集团有限公司的冷轧厂 C008 热镀锌智能车间中，无人行车川流不息，捞渣、拆捆、贴标等作业被机器人完全取代，同时，监控人员在智能化的产成品智能物流管控中心，进行物料运输路径的统一调度优化，实现无人驾驶框架车在无人仓库与自动码头间的灵活调度与高效运输，使原本需要上百人协同作业的岗位完全实现无人化运行。

（2）碳资产管理

钢铁行业是我国实现"双碳"目标的重点发力领域，围绕碳资产管理场景，工业互联网可带来两大方面的应用创新，一是**碳资产智能分析**，在企业内部，可基于产品LCA（生命周期评价）工具建立碳资产管控平台，通过在线集成各业务系统内产品、原料、辅料、能源消耗与大气排放、水体排放及固废排放的实际数据，根据不同工艺特点、产品特点，建立产品LCA基础数据模型、LCA环境复合模型，基于各类模型开展对各生产工序、各类型产品的环境负荷分布与构成的分析，对不同工艺路径碳排放数据进行比较及产品碳足迹追踪。二是**碳资产交易与碳金融**，随着交易机制的完善，通过行业级平台可实现碳资产在线交易，从侧面敦促企业加强自身碳排放管理。

（3）采购管理

采购成本是钢铁企业经营成本的重要组成部分，围绕采购管理场景，工业互联网可带来两大方面应用创新，一是**采购需求精准预测**，企业可基于工业互联网平台，采集订单合同与生产消耗相关数据，通过大数据等技术可实现对原料需求的预判。二是**智能采购计划**，通过平台敏捷感知上游原料市场价格变化，预测价格曲线走势，结合自身需求，可实现采购计划优化，使企业的采购方式由原来定期购买转变为针对性购买，能够有效降低材料采购成本。

⚙️⚙️ **案例5：预测性采购应用**

中国宝武钢铁集团有限公司预测性合金采购：合金料是钢铁行业的重要原料之一，在炼钢过程中主要用于调节钢水成分、脱氧及化学升温等，其消耗量随着钢材订单的变化会有较大的波动。过去由于钢厂信息化水平较低，生产管理人员很难对合金历史用量及未来消耗情况进行精准分析，经常由于各种临时情况紧急采购合金，而合金本身单价高，临时采购造成的成本损失也比较大。为解决这一情况，中国宝武钢铁集团有限公司基于人工智能等新型技术研发了合金需求预测模型，结合订单数据、冶金机理及生产数据对合金料需求进行精准预测，实现了从人工采购到模型辅助采购的业务模式转变，采购周期从2个月缩短到1个月，合金库存显著降低，采购成本损失减小到最低。

（4）财务管理

随着企业业务发展，财务管理工作逐渐复杂，围绕财务管理场景，工业互联网可带来三大方面的应用创新，一是**资金业务智能管控**，基于平台打通钢铁企业原有各类相关财务系统，建立财务分析模型和集中化管理系统，可实现财务管理各业务的全方位集中管控。二是**市场利润"预测式"核算**，通过集成采购系统、销售系统数据，实现对企业市场利润预判。三是**业财融合**，通过平台打通财务管理系统与生产制造等相关业务系统，实现基于业务数据联动分析的企业成本、预算、收入精细化管控和实时分析，实现精细化财务管理。

（5）企业经营决策

钢铁企业多数资产庞大，组织结构复杂、人员众多，管理门槛高。围绕企业经营决策场景，工业互联网可带来三大方面的应用创新，一是

面向制造专业板块的智能决策支撑，基于平台广泛收集企业运营相关数据，结合人工智能、大数据等先进计算分析技术，基于"机理模型 + 数据分析"构建数据中台，打造领导驾驶舱，实现生产、质量、能源等业务的可视化展示与智能化分析。二是**面向经营专业板块的智能决策支撑**，基于集成化平台实现公司统计、财务、存货日管控、采购、销售、物流等业务的可视化展示与智能化分析。三是**跨专业板块的综合智能决策支撑**，通过集成各业务领域数据，借助大数据技术实现多要素管控协同集成。

6. 网络化协同

基于工业互联网广泛连接的特点，汇聚钢铁行业设备、技术、数据、模型、知识等跨区域、跨产业资源，打造贯通供应链、覆盖多领域的网络化配置体系，实现产销协同、供应链协同、多基地协同、供应链金融、产业链协同等模式。协同类业务与工业互联网应用方式对应如图 2-5 所示。

	应用方式	业务				
		产销协同	供应链协同	多基地协同	供应链金融	产业链协同
模式	基于业务系统集成的协同	●	●	●	●	●
	基于设备互联的协同		●	●		
	人员、组织、机制整体协同	●		●		

图 2-5　协同类业务与工业互联网应用方式对应

（1）产销协同

通过产销计划对接和平衡整体资源，在最大限度地满足客户需求的前提下实现均衡生产。围绕产销协同场景，工业互联网可带来两大方面的应用创新，一是**用户需求精准预测**，通过协同平台，钢铁企业与下游用户基于统一的数据通信与数据传输标准，实现用户需求与钢铁企业生产系统的对接。二是**智能生产计划**，企业通过对用户需求的精准预测，结合自身产能状态与成本分析，实现生产计划动态调整优化。

（2）供应链协同

钢铁行业供应链上下游企业类型众多，围绕供应链协同场景，工业互联网主要带来三大方面的应用创新，一是**库存管理优化**，通过工业互联网平台连接供应链各参与主体，开展供应链和生产系统重要数据的抽取和多维分析，实时跟踪物料消耗和原料信息，结合库存情况实现精准配货。二是**供应链全程可视化跟踪**，通过贯穿供应链全程的数据集成跟踪，开展平台数据分析与实时监测监控，实现供应链可视化管理。三是**物流任务计划与路线优化**，基于平台连接供应链上下游业务系统，收集用户对交货周期、物流质量和物流成本等物流需求，实现钢铁企业与外部物流服务商等资源的协同集控，确定物流运输的先后顺序与最佳路线，有效降低供应链成本，提高服务质量。

（3）多基地协同

大型钢铁企业存在跨区域、多基地运营的现象，围绕多基地协同场景，工业互联网可带来五大方面的应用创新，一是**多基地订单协同**，基于平台进行多基地数据互通，广泛汇聚各基地合同、物流、标准、成本等信息，在集团公司统一接单后，结合各基地当前经营状况与产能状态，实现订单分配优化，保障订单交付速度与质量。二是**多基地资源协同**，基于多基地系统互联互通，可实现原料余缺互补等资源调剂。三是**多基地产品质量协同**，以基于云计算、SDN（软件定义网络）、CDN（内容分发网络），以及多种不同级别的数据一致性技术，构建统一高效、快速响应的协同制造系统，可实现产品质量"一贯制"管理，提升产品质量稳定性。四是**多基地采购协同**，通过平台获取各生产基地备品配件等物资消耗数据，实现各类原材料集中采购调度，提升议价能力，降低采购成本。五是**多基地设备管理协同**，基于平台采集各生产基地主要设备信息，建设统一的设备管理体系，可实现设备管理效能提升。

（4）供应链金融

供应链金融可降低钢铁行业供应链体系中中小企业的融资门槛，提升企业生存能力。围绕供应链金融服务场景，工业互联网可带来三方面的应用创新，一是**债权确权融资**，通过人工、第三方接口及其他金融科技手段的结合，获取中小企业贸易背景资料并对资料进行自动分类整理，实现精准信用评级。二是**债权流通交易**，通过采用区块链技术手段对应收账款凭证进行数字化转化与分布式存证，实现债权可信交易。三是**风险管理**，基于数字债券可实现面向供应链金融服务过程中的风险监控，满足监管机构及资金方对业务流程的风险监控要求。

（5）产业链协同

钢铁产业是一个技术、资金和物流相对密集的长产业链生态。基于工业互联网平台构建以钢铁制造为中心，上游聚焦铁矿石、煤炭、机电等各类工业产品和服务供应商，下游涉及钢材贸易、研发、加工、仓储、金融等配套产业的钢铁智能生态圈，建设钢铁企业的敏捷制造体系，打造钢铁企业快速响应的市场服务能力，这是钢铁企业近年来的核心需求。

案例6：产业链协同应用

欧冶云商股份有限公司的钢铁生态圈：我国钢铁行业产能过剩情况突出，全行业运行效率不高。中国宝武钢铁集团有限公司成立欧冶云商股份有限公司，以电商服务为入口、物流服务为基础、供应链金融服务为纽带、知识服务为增值手段、技术服务为提效工具，形成了信息流、商流、物流和资金流"四流合一"的大宗商品生态服务体系，通过降低企业交易成本缓解行业恶性竞争，助力化解产能过剩。截至2023年年初，欧冶云商股份有限公司合作的钢厂已超过300家，覆盖仓库数1900余家，形成了遍布全国的营销服务网络，对提升行业运行效率起到了重要作用。

2.4　5G+工业互联网应用

"5G+工业互联网"是指利用5G技术改造升级工业企业生产网络，形成IT（信息技术）、CT（通信技术）和OT（操作技术）融合的工业网络部署方案，综合运用云计算、大数据、人工智能、边缘计算等新兴技术构建新型基础设施，在钢铁行业其主要应用分为数据采集类、控制类、图像信息传输类三大类，主要聚焦智能化制造、精益化管理两大应用模式，如图2-6所示。

5G的作用		高清视频回传	控制指令下达	数据采集传输
智能化制造	工艺优化	★★★ 生产现场作业监控	★★ 生产现场设备远程控制	
	工序协同优化			
	能源与环保管理			★★ 能耗仪表数据采集
	设备管理			★★★ 设备数据采集
	质量管理	★★★ 表面缺陷检测		
	安全管理	★★ 安全监测巡检		
精益化管理	企业经营决策			
	财务管理		★ 自主导航与无人驾驶	
	仓储管理			
	采购管理			
	碳资产管理			

图 2-6　钢铁行业 5G+ 工业互联网应用

1. 数据采集类应用

（1）设备管理

钢铁生产现场存在着大量高密度泛在连接场景，也伴随着高温、灰尘和易燃易爆等恶劣环境，诸如高炉炼铁、转炉炼钢等不宜布线的高温场景，而 3G、4G 和 Wi-Fi 等传统无线数据传输方式难以满足工业场景下低时延、高可靠和抗干扰等需求。5G 网络凭借高速、高可靠数据传输与通信方式为设备数据采集提供了新方法，通过 5G 网络获取高炉、转炉、轧机等重点设备运行和状态数据，实现设备在线健康监测、预测性维护及故障诊断。

5G 网络的高速传输、广覆盖等特点解决了再生能源行业的厂区线路复杂、设备工艺场景多变等问题，做到园区网络无死角，实现了"以移代固"。

设备互联和数据采集是工业互联网的基础，面向复杂多样的现场装备，开展设备接入与数据采集，获取高炉、转炉、轧机等重点设备运行和状态数据，实现设备在线健康监测、预测性维护及故障诊断。通过5G网络进行设备的连接，可优化项目建设过程中线缆的设计和施工步骤，5G网络大带宽、广连接特性突破传统无线技术的瓶颈。

（2）能源与环保管理

现有钢铁企业能源数据采集过程存在重复建设、布线烦琐等问题，成本较高，同时还存在部分采集盲区。企业利用5G网络可在厂区内广泛采集能源消耗和污染物排放等仪表数据，减少有线网络布置成本，同时监测范围可覆盖到原先有线网络难以布置的盲区，促进工艺优化和设备升级，降低能耗成本，实现清洁低碳的绿色化生产。

案例7：5G能源与环保管理

> **5G能源与环保管控**：宝钢湛江钢铁有限公司的能源采集系统利用5G+物联网技术，通过部署5G设备采集终端对分散的能源仪表进行数据采集，从而代替传统布线式数据采集，减少电缆、光缆敷设、采集站设置。并通过5G网络将各种能源消耗数据回传到能源管理系统，在能源管理系统完成能源消耗数据的分析、整理、流向图展示等。通过信息化手段采集电表数据、O_2（氧气）数据、CO_2（二氧化碳）数据、煤气数据，实时监控能源的消耗情况，实现企业能源的精细化管理和节能管理。实施信息化能源管理系统，既提高能源统计的准确性和实时性，同时也降低工人劳动强度，省去能源统计的繁重工作量，实现轻量化、高效化的统计工作；通过信息化系统，能够对标行业标杆能

耗数据、分析企业能耗数据，找出企业的节能空间和能源浪费环节，采取对应措施，减少能源浪费，最大化地达到节能降耗的目的。

2. 控制类应用

（1）生产现场设备远程控制

生产现场部分设备及天车等通常属于远程或旋转移动场景，难以实现有线光纤部署，而传统 3G、4G 等无线网络不稳定、切换时延高，5G 技术凭借低时延、高可靠性为以上业务场景提供了至关重要的网络保障。企业可基于 5G 网络实现一键炼钢或天车远程操控，如利用 5G 网络实现转炉出钢过程的转炉倾动和钢包停位的精确控制，集成滑板挡渣、转炉下渣检测、出钢钢包自动加料技术，最终提升转炉出钢等工艺流程的智能化程度，提高炼钢等过程生产效率，减少危重岗位人力投入，提升安全水平。

（2）仓储管理

无人化仓储物流已是钢铁行业未来趋势之一，但在无人机车自动驾驶或远程操控中，需以超低时延的动作反馈机车自动驾驶或远程操控的信息，这对网络提出了极高的要求，至少需低至 20ms 的时延和高至 1Gbit/s 的速率。4G 和 Wi-Fi 网络难以满足低时延、大带宽需求，Wi-Fi 还存在覆盖效果差、抗干扰能力差、不稳定等缺点，钢铁企业借助 5G 低时延、大带宽特性实时采集物流车辆视觉、状态等数据信息，开展车辆路径规划与轨迹控制，譬如发布跟车、变道、停车、穿框架、多车调度、停车入位等指令，最终实现高精度、高智能的自主导航与无人驾驶作业，构建从仓库、码头到车队管理的完整监测控制闭环。

3. 图像信息传输类应用

（1）生产现场作业监控

传统现场作业监控采用固定方式，5G无线技术增强了监控点的可移动性和监控人员的可移动性。利用5G网络大带宽、高可靠等特点传输生产现场高清视频画面，能直观、高效地展示人员、设备的作业情况，提升企业生产现场全局化和精细化管控水平。

案例8：5G生产现场监控

5G监控无人化作业：针对宝钢湛江钢铁有限公司的焦炉四大车无人化项目，应用5G网络（具有大带宽、低时延、高可靠特点），支撑实现焦炉机车无人化的综合改造，传输包括推焦车上重要动作视频信息、装煤车重要位置视频信息、导焦车重要位置视频信息、电车关键位置视频信息及炉顶作业区域视频信息等，提升车辆自动定位成功率、推焦装煤实绩准确率。通过图像与视频相结合的方式实现专家沉浸式的远程监控体验，缩短故障处置时间，提升劳动效率。实现监控无人化作业的生产节奏、提升关键设备的动作准确性、设备管理人员智能运维水平和设备智能化水平，为人员优化配置创造条件。

（2）质量管理

受限于钢铁生产现场环境复杂、钢材产品外形复杂、有线连接不便、检测精度不高等问题，机器视觉检测未能发挥原有作用，而超高分辨率工业相机由于数据量过大，所以检测数据需要较长的线缆进行传输或者离线存储，不便于数据上传平台，计算推理效率较低。基于 5G 增强移动大带宽和 5G MEC（多接入边缘计算）低时延视频图像数据传输能力，钢铁企业可通过部署工业相机拍摄高清图片、采集质检数据，利用 5G 网络将采集到的高清图像数据回传至操作室平台，通过平台的视觉分析能力对图像进行处理分析，进行带钢产品表面质量检测，有效提高检测效率，降低用人成本。

（3）安全管理

传统安全监控管理基于固定的设备，5G 无线网络一方面可以使监控设备能够在移动的环境下进行视频监控，另一方面基于其具有的广覆盖特点，可在一些不具备有线网络接入的园区方便地部署监控点，同时，5G 网络大带宽特性能够满足将多路、多视野的超高清视频实时传送到服务器端。钢铁企业可基于 5G 网络通过智能巡检机器人或移动设备开展安全巡检，提升安全管理水平。

第 3 章

工业互联网与钢铁行业
融合创新实施架构

Chapter 3

3.1 钢铁行业融合创新应用架构设计思路

当前，钢铁企业普遍建有各类自动化系统和信息化系统，这些系统在行业生产和经营中发挥着核心作用，因此面向当前数字化转型需求，钢铁行业与工业互联网融合创新发展，在总体上采取叠加架构的设计思路，如图 3-1 所示。即在现有五层制造体系的基础上，通过运用物联网、云计算、大数据、人工智能等技术，构建工业互联网网络、平台、安全系统，开展与现有各类制造系统的集成互通，形成更强的数据采集、集成管理、建模分析和智能决策能力，以此满足钢铁行业平台化设计、智能化制造、个性化定制、服务化延伸、数字化管理、网络化协同六大类数字化转型应用场景。钢铁企业日常生产、经营等活动仍主要运行于现有自动化和信息化系统，而通过工业互联网融合创新应用，可以对现有

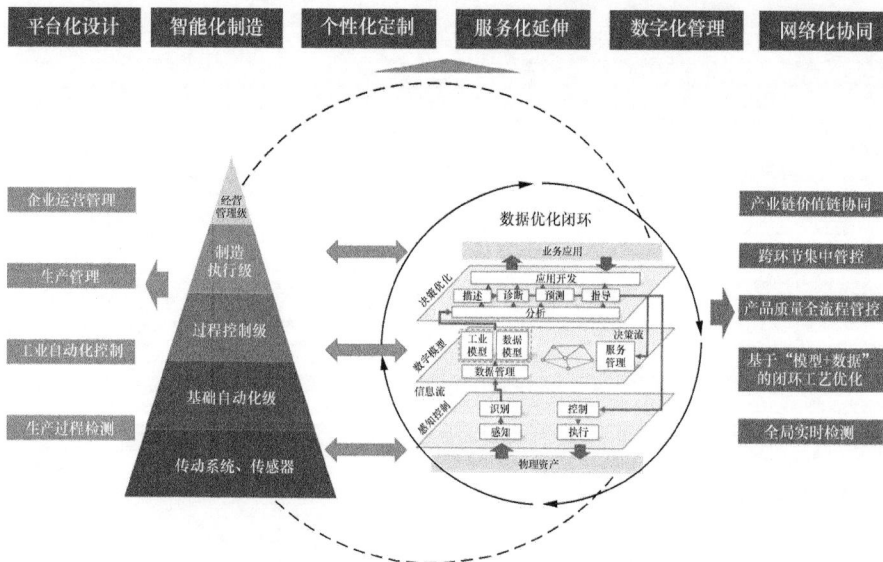

图 3-1　钢铁行业融合创新应用总体架构

业务做出更精准、更高效的决策，不断发掘新的应用模式和业务形态，创造新的价值。

　　为了支撑六大类数字化转型应用场景需求，需要基于叠加架构的设计思路，将新一代信息技术与企业原有自动化、信息化系统进行深度融合，重点构建以下五方面的关键数字化能力。一是泛在感知，面向行业的数据建模分析和多环节协同优化需要，通过布设新的传感器、仪器仪表和检测设备，提升对整个生产过程的状态感知能力。二是智能决策，面向精准、自主、高效及全层级决策需求，通过建设工业互联网平台，在企业内部打通各工序、各业务系统，基于对跨工序、跨层级的数据进行深度分析，提升智能决策能力。三是敏捷响应，面对用户日趋小批量、多品种、多规格的个性化需求，通过平台连通钢铁生产企业与用户市场，提升敏捷响应能力。四是全局协同，面向全流程连续性提升、全产业资源调度与全区域配置优化等需求，通过部署 5G、TSN（时间敏感网络）等新型网络技术，大幅提升钢铁生产过程与企业运营数据接入量与传输效率，同时基于平台连接加工、物流、金融机构等行业主体，助力企业提升全局协同能力。五是动态优化，面向越来越复杂的工艺、流程，以及更精准的质量与能耗管控需求，基于平台部署人工智能、大数据等技术，对数据价值进行深入挖掘，提升动态优化能力。

　　为了实现上述数字化能力，亟待构建面向融合创新应用的新型实施架构，全面支撑钢铁行业提质、增效、降本、绿色、安全的数字化转型需求。

3.2 钢铁行业融合创新实施架构

钢铁行业工业互联网融合创新发展的实施架构总体分为车间层、企业层、产业层 3 个层级，具体实施包括网络、标识、平台、安全四大方面的能力建设，如图 3-2 所示。

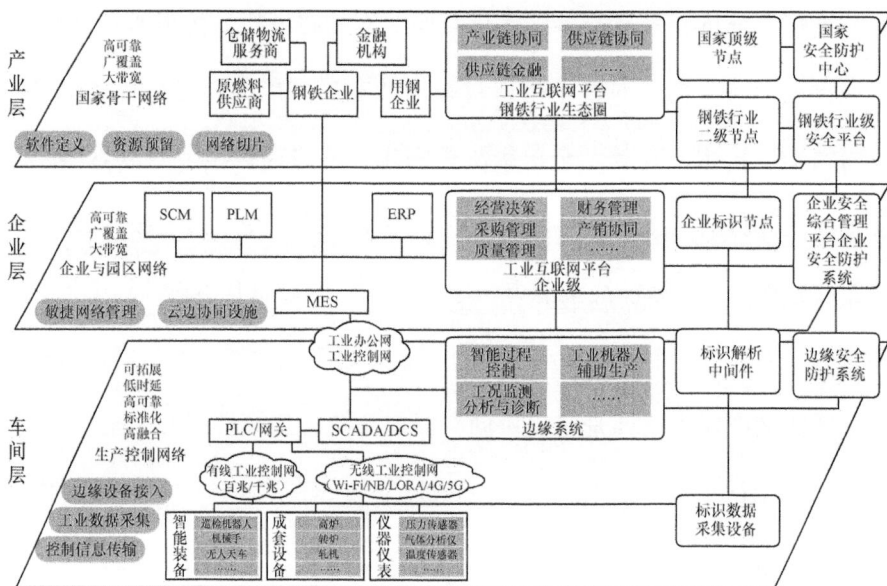

图 3-2 钢铁行业工业互联网融合创新发展的实施架构

车间层由钢铁生产所需的各类生产装备、仪器仪表、自动化控制系统组成。在车间层部署工业互联网，重点是通过先进网络、边缘计算、平台、数据分析等技术的综合应用，一方面大幅提升生产现场的数据采集与传输能力，并通过在边缘侧开展工业协议转换、数据集成与数据预处理，大幅提升工业数据质量，为后续的数据分析与智能化应用奠定基础。另一方面，车间层工业互联网还需要承载与生产管控密切相关，具有低时延、高可靠要求的智能化应用。此外，对于车间层工业互联网，应重点关注相关设备安全与控制安全风险。

企业层由企业生产制造、经营决策、产品全生命周期管理等各类业务系统组成。在企业层部署工业互联网，重点是通过集成化平台、广覆盖网络等部署，一方面提高各工序、各业务的运营效率，并结合数据分析、人工智能等技术提高决策智能化水平。另一方面，企业层工业互联网还需结合大数据、工业互联网标识等技术，开展产品全生命周期质量追溯与管理。此外，对于企业层工业互联网安全，应重点关注各工序业务系统交互的数据安全、网络安全及企业应用安全。

产业层由连接产业链、供应链上下游各方的信息系统或平台组成。在产业层部署工业互联网，重点是通过跨企业的网络连接与产业协同平台应用，提高跨企业、跨区域的数据互联互通效率，并基于更大范围的全局性的数据分析，实现产业链、供应链资源的优化配置。此外，对于产业层工业互联网安全，应重点关注跨企业系统交互的数据安全、网络安全及行业应用安全。

第 4 章

工业互联网网络设施建设

Chapter 4

网络体系是基础。工业互联网网络包括企业内网、企业外网。典型技术包括传统的现场总线、工业以太网及创新的时间敏感网络（TSN）、确定性网络、5G 等。企业外网根据工业高性能、高可靠、高灵活、高安全网络需求进行建设，用于连接企业各地机构（如各生产基地及总部等）、上下游企业和用户等。

4.1 业务需求

1. 车间层

车间层网络一方面用于满足生产现场的状态感知与监测需求，采集包含人员位置状态，高炉、转炉、轧线等现场装备的运行状态，钢板表面缺陷等产品状态及污染物排放等环境状态信息，实现数据采集与准确快速上传。另一方面用于满足生产现场过程控制需求，包含高炉、连铸、加热炉等工序中传统装备的控制及无人行车、智能机器人等新型智能装备的控制。

2. 企业层

生产管理类业务主要面向生产过程中产品质量全流程管控、高价值设备维护、全厂能源集中调度等业务；企业管理类业务一般聚焦于企业经营过程中涉及的采购、营销、仓储等业务流程优化及产销协同、业财一体化等业务集成。上述业务均需要通过网络实现海量生产现场数据汇聚与上传及生产相关决策计划下达，如质量全流程管理业务需要接入各工序与质量相关的控制系统与信息系统数据，根据质量数据分析结果向车间下达调整方案。

3. 产业层

供应链、产业链协同类业务主要面向跨企业的业务协同，如产能供需对接、供应商早期介入服务、物流精准配送等，需要通过网络联通上下游企业、第三方物流仓储服务商、金融服务机构、金属加工企业等行业主体，实现多方敏捷交互。

4.2　功能要求

1. 车间层

控制及感知类业务要求现场数据快速上传与控制指令精准实时下达，保障生产现场设备、产线连续稳定运行，避免发生生产事故，因此需要网络具有低时延、高可靠的特点，此外如果涉及高清视频或图片上传，或者特定生产环节的高频数据采集，同时也需要利用具有大带宽特性的网络。同时，由于生产现场设备类型多样，数据格式不统一，加之企业产能扩张及落后产线被淘汰等情况，还需灵活配置现场网络，实现不同类型网络融合与新建设备快速接入，要求网络具有高融合、标准化、可拓展的特点。

2. 企业层及产业层

企业层网络面向企业内部实现生产管理与企业经营管理业务，需要广泛汇聚并上传各生产现场海量数据，同时下达生产计划等信息，需要网络具有高可靠、广覆盖、大宽带的特点。产业层网络功能要求与企业层网络类似，主要用于实现跨企业的业务协同，相比于企业层网络需要实现更大范围的覆盖，同时为防止企业敏感信息外泄，对网络安全也提出更高要求。

4.3 建设部署

为提高钢铁行业工业互联网网络建设成效，需要对整体网络架构进行系统谋划、整体布局，其整体网络架构如图 4-1 所示。

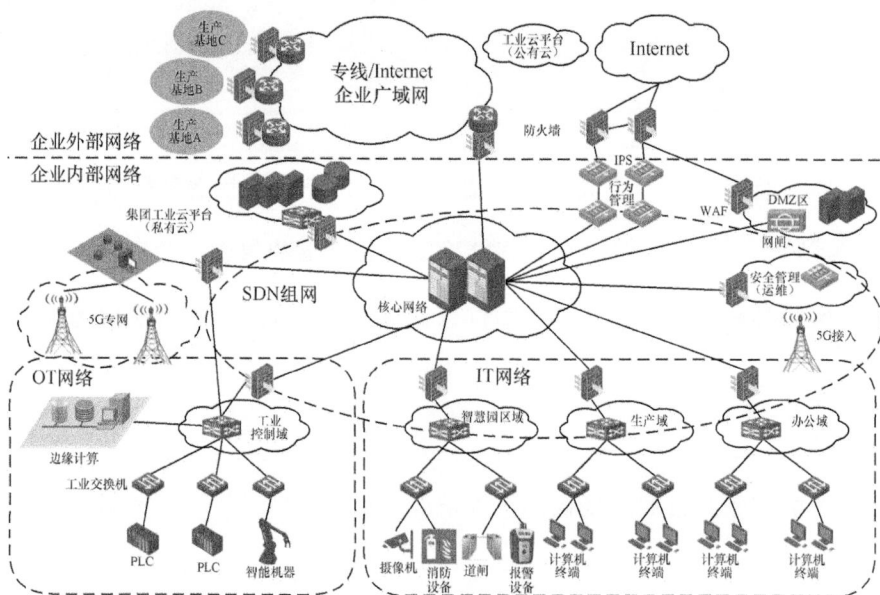

图 4-1 整体网络架构

1．车间层

在接入新型智能设备时可使用叠加模式：对厂区部署巡检无人机、智能巡检机器人、智能视频监控等场景，以及当已有的基于现场总线、工业以太网等技术的控制网络在难以满足新业务需求时，可基于 5G、TSN、工业 PON（无源光网络）等技术叠加新建支撑新业务流程的网络。例如，在已有的自动控制网络基础上，部署新的传感器、红外线监测设备，对高炉、连铸机等高价值设备进行实时状态监控，实现设备全生命周期管理和设备故障预测性维护管理。

在增强原有设备功能时可使用升级模式：对已有高炉、转炉等生产设备和网络设备进行升级，增加通信接口，实现网络技术和能力升级。例如，在炼钢连铸现场，通过使用支持 5G 网络的智能仪表更新替换原有的模拟式仪表，实现主要工艺参数实时在线监控、工序间信息有效及时传递、在线质量自动判定、关键机组工艺过程状态诊断、质量控制模型开发。

2．企业层

大型钢铁企业（工厂）采用核心层、汇聚层、接入层网络架构搭建园区主干网，其中园区主干网核心层设备位于企业（工厂）数据中心内，汇聚层设备位于企业（工厂）区域汇聚机房，接入层设备位于传统的车间设备间（工业互联网边缘设备间）内。

园区网应在一张物理网基础上，与 VLAN（虚拟局域网）及 Overlay 等网络虚拟化技术相结合，划分多个业务网，同时支持办公、生产管理、视频（含视频会议）、语音等企业级应用。主干网配置出口网络设备（安全设备）连接企业对外专线和互联网出口，以建设统一、安全可控的工厂外网出口，避免多出口导致的管理和安全风险。

企业 / 园区网络通过跨工序的信息化系统与生产控制网配置业务和网络接口，实现生产数据、过程数据的采集，同时下传控制指令。根据等级保护 2.0 相关规范的要求，两个工厂内子网络之间须配置防火墙、网闸、单向隔离设备等边界安全隔离控制设备。企业 / 园区网络也可基于 5G 局域虚拟专网实现，详细内容见 4.4。

3. 产业层

企业外网用于连接企业各地机构、上下游企业和用户等。企业外网架构如图 4-2 所示。

（1）普通上网业务

普通上网业务采用非固定 IP 方式，上下行速率不同，优先保障下行速率。比较典型的普通上网宽带下行速率为 100 ～ 1000Mbit/s。一般为楼宇或单元共享带宽的方式，随着接入用户数量的增加，下载速率有所下降，并可能出现网络拥堵情况。

（2）高质量外网业务

① 集团总部与生产基地间的网络部署

总部与生产基地间的网络连接可以通过购买运营商工业互联网高质量专线，支撑企业的高质量业务。企业专线可为钢铁企业多基地连通提供基于互联网的虚拟专线（如 SD-WAN、IPsec 等）、物理隔离的专线（如

MPLS-VPN、SDH/MSTP、OTN 等）、网络切片等定制化的专属资源。

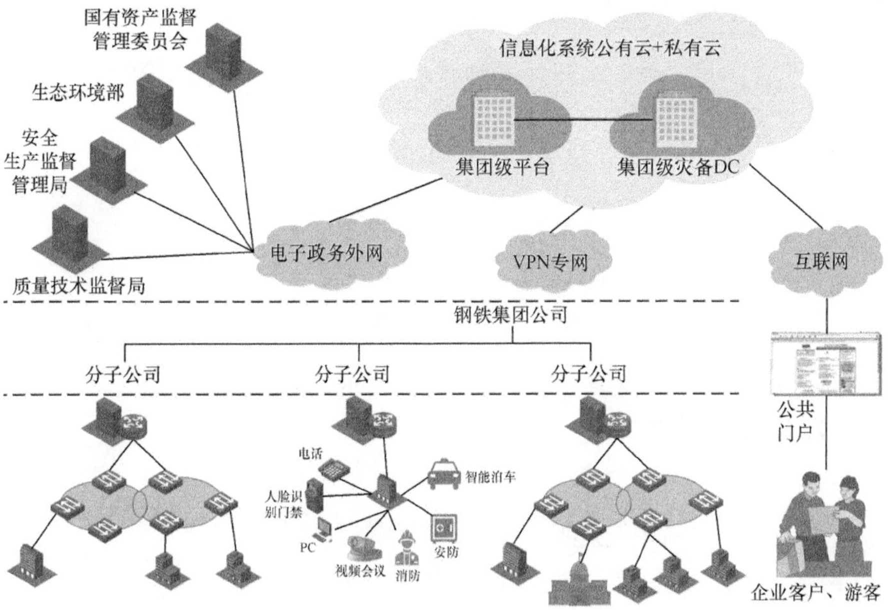

图 4-2　企业外网架构

企业与分支机构的互联多为星形组网，分支机构如在国内，多租用运营商光纤专线物理直连省内分支机构，以保障数据传输的安全性；MSTP（多业务传送平台）是同城互联中常用的优选方案，成本低且较为稳定。跨省连接的企业则根据自身需求考虑 MSTP 或 MPLS-VPN 专线。涉及国际分支机构的企业，多采用 MPLS-VPN 或租用运营商境外网络或精品网络的方式连接。MPLS-VPN 由于在灵活性、扩展性等方面的优势，在企业外网中获得了广泛的应用。

②　产业链上下游各协作企业的网络部署

产业链协同基于钢铁生产企业、第三方物流仓储服务机构、金融服务机构、金属加工企业等行业主体互联互通。对于该类业务，钢铁企业可以通过互联专线和普通宽带实现供应链数据的跨企业互通。某些企业需要与上下游生产单位进行数据实时交互，应采用互联专线保证数据传输的安全性与可靠性。对于一些与合作单位有联系但数据传输需求不高的企业，考虑到成本，企业多选择普通宽带进行连接。

4.4　5G+ 工业互联网

1. 5G 网络需求

钢铁行业主要包括数据采集类、控制类、图像信息传输类三方面的5G 网络需求。一是面向高炉、转炉等生产设备及仪器仪表实现数据的大范围高效采集，需通过 5G 技术解决传统有线网络存在覆盖盲区的问题，开展设备运行监测、能源管理等应用。二是面向天车、机器臂机器人等钢铁生产设备及物流运输车辆设备的自动远程控制，需通过 5G 网络实现远程化控制。三是面向钢材表面、生产现场与园区等高清图像视频传输交互，需通过 5G 网络解决由视觉系统频繁移动造成的线缆缠绕损耗严重问题，开展缺陷检测、安全监控等应用。

2. 5G 网络功能要求

生产现场方面的 5G 网络功能要求如下。一是低时延，自动天车、机械臂等现场控制类业务对时延要求较高，通常要求毫秒级时延，同时也需要通过新的技术引入空口从而降低时延。二是大带宽，钢材表面检测、现场安全管理等场景需要进行高清图像视频的上行传输，需依靠 5G 网络通过引入超级上行、不同的上下行配比提升上行带宽。三是高并发与高速传输，各类设备、仪表的数据采集需要 5G 网络支持局部区域内海量高并发、中高数据速率的物联网连接。四是安全隔离和可靠性，包括和公众普通用户的隔离，企业内各业务之间的隔离，同时作为无线网络，需具有超强抗干扰性、稳定性、可靠的数据传输、备份与恢复机制等，保证达到高可用要求及最优覆盖效果。

企业、园区及产业方面的 5G 网络功能要求如下。一是园区巡检、运输车无人驾驶等场景对 5G 大带宽、安全隔离和可靠性等提出了同样要求。二是私有数据不出园区，企业内部涉及生产制造、设备运行状态等数据属于企业私有数据资产，关键数据还关系到企业竞争力，这部分数据通过 5G 网络传输时需要留在企业内部供内部使用，5G 网络架构设计需保证企业私有数据不出园区。

3. 5G 网络建设部署

从应用场景、地理位置、服务范围等角度，钢铁行业 5G 网络建设可以分为面向独立企业园区的局域虚拟专网和面向总部多基地的广域虚拟专网，其 5G 网络部署如图 4-3 所示。

（1）面向企业与独立园区的局域虚拟专网

面向企业与独立园区的局域虚拟专网，一般限定特定地理区域，基于特定区域的 5G 网络，借助边缘计算实现本地业务闭环。5G 网络建设需要满足企业对于园区内网络和业务能力的本地化、个性化需求，并和自身的 OT 和 IT 系统融合，企业可根据细分的场景需求和自身特点来进行相关专网架构的选择，更好地将 5G 网络应用于生产系统。

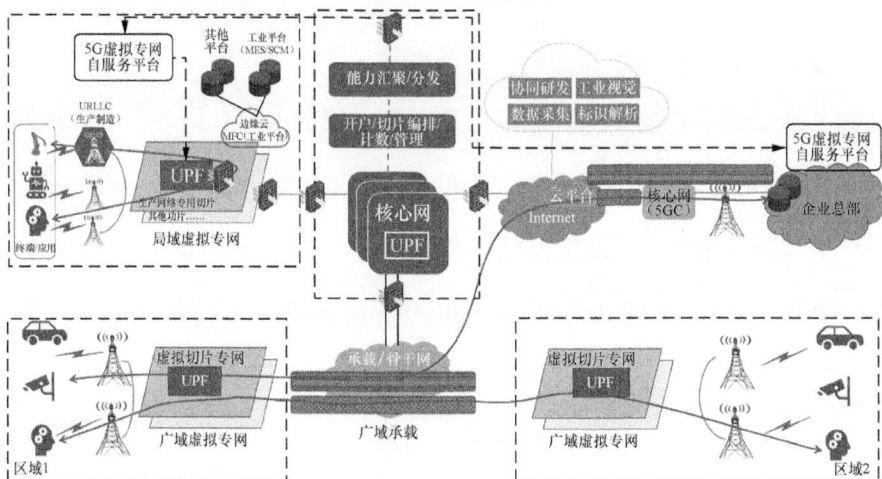

图 4-3　5G 网络部署

（2）面向总部多基地的广域虚拟专网

大型钢铁集团往往是一总部多基地的模式，总部和各个生产基地、各个生产基地之间存在统一管理、业务协同的需求，面向总部多基地的 5G 广域虚拟专网，可以不限定地理区域，通常基于运营商的端到端公网资源，借助网络切片、专线等技术实现。

案例9：5G+工业互联网建设

5G+ 工业互联网建设：为有效推进 5G+ 智慧钢铁业务应用验证，宝钢湛江钢铁有限公司联合中国联合网络通信集团有限公司、中兴通讯股份有限公司、上海宝信软件股份有限公司等合作伙伴，依托联合创新实验室，在宝钢湛江钢铁有限公司成功建成场景丰富、生态完善的 5G+ 工业互联网，其总体网络建设方案如图 4-4 所示。经过现场勘察与技术沟通，结合企业地理位置及行业特殊性，最终确定了以核心网下沉的形式为其打造 5G 工业专网，并开展 5G 内外网改造建设。2019 年 3 月开通首个 5G 基站，5 月开通 5G 实验网，6 月风机监控、机械臂远程操作、智能头盔、行车监控等应用陆续上线试行，同时，国内首张工业级 5G SA（独立组网）核心专网开通上线，9 月完成 MEC 下沉。截至 2021 年 5 月，该案例已在宝钢湛江钢铁有限公司部署 30 个 5G 基站、一套 5GC SA（独立核心网）、300 个 5G 商用终端，借助 5G 技术赋能传统钢铁行业转型升级。

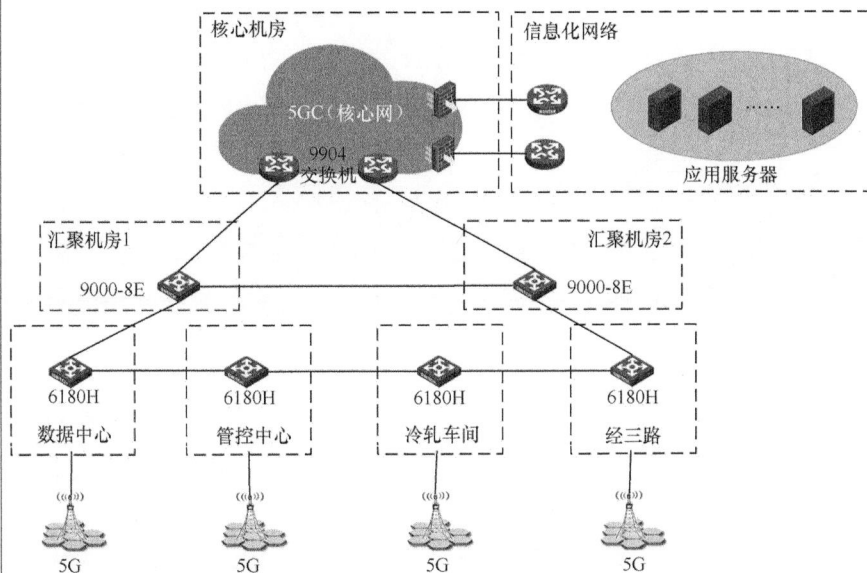

图 4-4　宝钢湛江钢铁有限公司总体网络建设方案

第 5 章
工业互联网标识解析体系建设

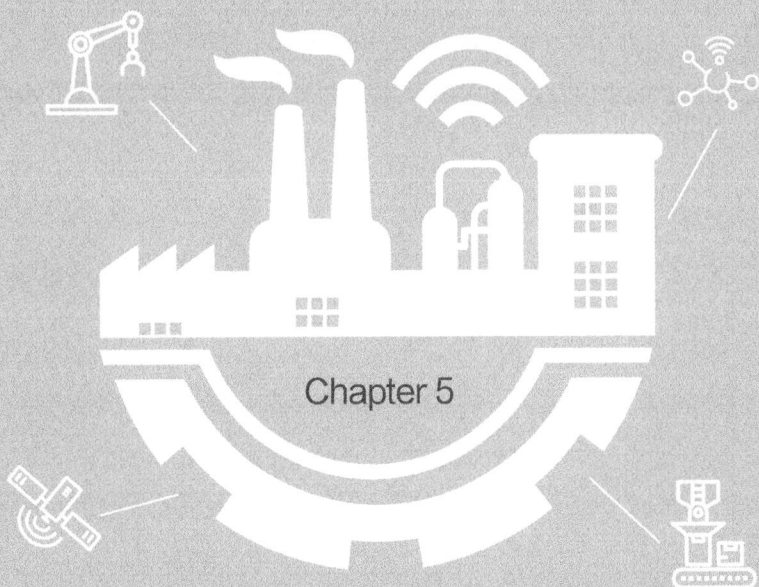

Chapter 5

工业互联网标识解析体系是工业互联网网络体系的重要组成部分，是支撑工业互联网互联互通的神经枢纽。工业互联网标识解析体系由标识编码、标识解析系统、标识数据服务 3 部分组成。

标识编码是能够唯一识别物料、机器、产品等物理资源和工序、软件、模型、数据等虚拟资源的身份符号，类似于"身份证"。标识编码通常存储在标识载体中，标识载体又分为主动标识载体和被动标识载体。

标识解析系统是能够根据标识编码查询目标对象网络位置或相关信息的系统，能够对物理对象和虚拟对象进行唯一性的逻辑定位和信息查询，是实现全球供应链系统和企业生产系统精准对接、产品全生命周期管理和智能化服务的前提和基础。

标识数据服务能够借助标识编码资源和标识解析系统开展工业标识数据管理和跨企业、跨行业、跨地区、跨国家的数据共享共用。

标识解析体系实现要素的标记、管理和定位，由标识编码、标识解析系统和标识数据服务组成，通过为物料、机器、产品等物理资源和工序、软件、模型、数据等虚拟资源分配标识编码，实现物理实体和虚拟对象的逻辑定位和信息查询，支撑跨企业、跨地区、跨行业的数据共享共用。

5.1 业务需求

钢铁行业属于典型的流程行业，企业信息化建设程度不同，会面临着设备类型及业务系统多样化、数据类型复杂、产业链上下游企业众多、企业广泛需要使用不同规范的标识编码标记各类要素的实际情况。

标识解析体系主要对钢铁行业采购、生产、运输、使用等全产业链的物理、虚拟实体进行标识，具体满足三大业务场景需求。一是满足产品质量一贯制管理、备品配件库存管理、铁—钢—轧多工序协同等需求，通过统一的编码和解析方式实现采购、生产、销售、服务等各环节数据流转与共享。二是针对智能决策、业财融合、碳资产管理等企业经营层面应用场景，需要对全产业链的物理、虚拟实体进行标识，赋予数字身份、建立数字档案，实现基于大数据建模挖掘的优化。三是针对供应链协同等业务需求，建设一套兼容不同技术体系、能够跨系统、跨层级、跨地域的工业互联网标识解析体系，实现钢材加工厂商、第三方物流服务商、钢铁生产商等产业链、供应链各方信息共享和协同。

基于工业互联网标识解析体系，为行业上下游企业设备、产品等赋予唯一的工业互联网标识，借助二维码、RFID（射频识别）、条码，以及工业数据采集、大数据分析等技术提供工业互联网标识应用服务，广泛开展钢铁产品全生命周期管理、钢铁产品质量管理、钢铁行业供应链优化管理、生产运维管理等工业互联网标识应用。针对不同行业、场景、需求，以工业互联网标识应用为牵引，助力企业价值提升，实现全要素、全产业链、全价值链的全面连接。

5.2　功能要求

标识解析功能体系提供标识服务的基础系统功能，包括标识注册、标识解析、标识查询、业务管理、数据管理等。钢铁行业工业互联网标识解析体系功能架构如图 5-1 所示。

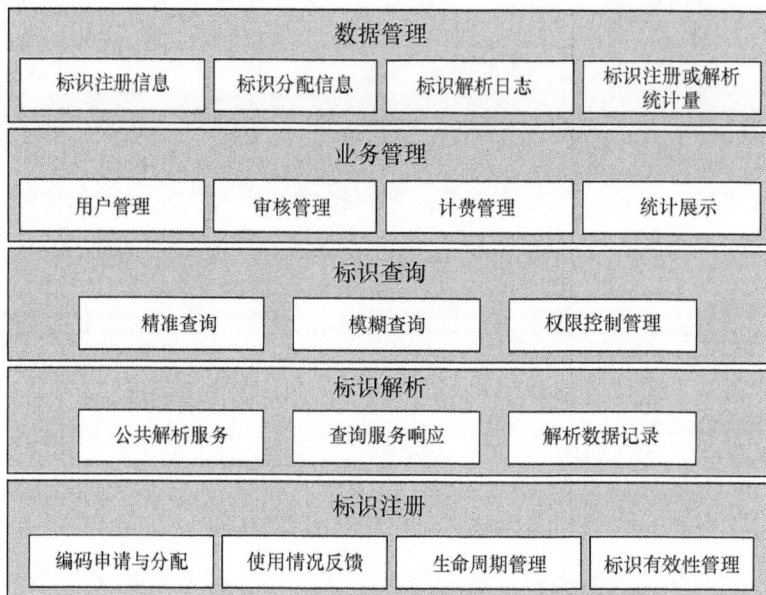

数据管理			
标识注册信息	标识分配信息	标识解析日志	标识注册或解析统计量

业务管理			
用户管理	审核管理	计费管理	统计展示

标识查询		
精准查询	模糊查询	权限控制管理

标识解析		
公共解析服务	查询服务响应	解析数据记录

标识注册			
编码申请与分配	使用情况反馈	生命周期管理	标识有效性管理

图 5-1　钢铁行业工业互联网标识解析体系功能架构

1. 标识注册

标识注册包括工业互联网标识编码申请与分配、使用情况反馈、生命周期管理、标识有效性管理等功能。此外，标识注册还提供标识注册变更、删除、实名审核、数据查询、运营统计等服务功能。二级节点应向标识注册管理机构提交注册申请，获取二级节点标识前缀，同时应与国家顶级节点运行机构同步标识注册数据。企业节点应向二级节点提交注册申请，获取企业节点标识前缀，二级节点应将企业节点注册信息按要求同步至国家顶级节点。二级节点应支持 VAA、GS1（即全球统一标识）、Handle、OID（对象标识符）、Ecode（实体码）等标识体系中的一种或多种。

2. 标识解析

标识解析主要为标识体系分配的标识提供公共解析服务。由二级节点分配的标识编码，二级节点负责对其唯一性定位和标识基础应用信息查询服务进行响应。二级节点存有企业节点的解析记录数据，根据标识记录数据解析定位出企业节点、企业信息系统。二级节点标识解析应支持接入认证，保证解析过程安全可信。标识解析应支持 VAA、GS1、Handle、OID、Ecode 等标识体系中的一种或多种。

3. 标识查询

标识查询是查询已注册的标识信息，如对注册的企业节点信息进行查询。二级节点应支持标识查询，包括精准查询和模糊查询。标识查询应支持权限控制管理，根据不同角色用户设置标识数据查询权限。标识查询应支持 VAA、GS1、Handle、OID、Ecode 等标识体系中的一种或多种。

4. 业务管理

业务管理主要包括工业互联网标识注册、标识解析相关的用户管理、审核管理、计费管理、统计展示等功能。其中，用户管理是指对平台管理员、企业用户、审核员等的管理。审核管理主要包括企业节点相关法人资质核验、自然人身份核验、企业节点或自然人网络接入资源（IP 地址、域名）合规核验和标识名称合规核验。二级节点还应根据国家有关要求推进构建主动标识核验能力。计费管理主要用于对标识注册、解析过程中产生的费用进行记录和结算。统计展示包含企业节点统计量、标识注册量、标识解析量等信息统计及信息展示等功能。

5. 数据管理

标识数据管理是指通过二级节点对标识注册信息、标识分配信息、标识解析日志、标识注册或解析统计量等数据进行管理。此外，二级节点的标识数据管理还包括围绕业务开展的标识元数据、标识主数据、标识应用数据、统计分析、数据挖掘等管理及数据同步等功能。

6. 运行监测

运行监测是对节点运行状态的监测，主要包括两方面，一是二级节点接受国家顶级节点的监测，同时将运行监测状态、安全状态、异常情况等信息上报国家顶级节点；二是二级节点应监测其下所有企业节点的运行状况，并要求所有企业节点接受国家顶级节点监测。同时，二级节点应要求其下所有企业节点将运行监测状态和安全状态、异常情况等信息上报，并将接收的企业节点运行信息上报国家顶级节点。

标识注册用于实现钢铁行业全产业链、各环节工业互联网标识编码的申请与分配、使用情况反馈、钢卷等产品生命周期管理、标识有效性管理、标识分配使用情况信息收集等功能；标识解析主要根据相应编码对设备和钢卷等进行唯一性的定位和信息查询，并对唯一性定位和标识基础应用信息查询服务进行响应；标识查询是查询已注册的标识信息，如对注册的钢铁行业上下游及相关企业节点信息进行查询；数据管理是指对钢铁行业标识注册信息、标识分配信息、标识解析日志、标识注册或解析统计量等数据进行管理；业务管理主要指钢铁行业工业互联网标识注册、标识解析服务相关的用户管理、审核管理、计费管理、统计展示等。

5.3　建设部署

钢铁行业工业互联网标识解析体系分为车间层、企业层和产业层 3 个层次，其建设部署架构如图 5-2 所示。

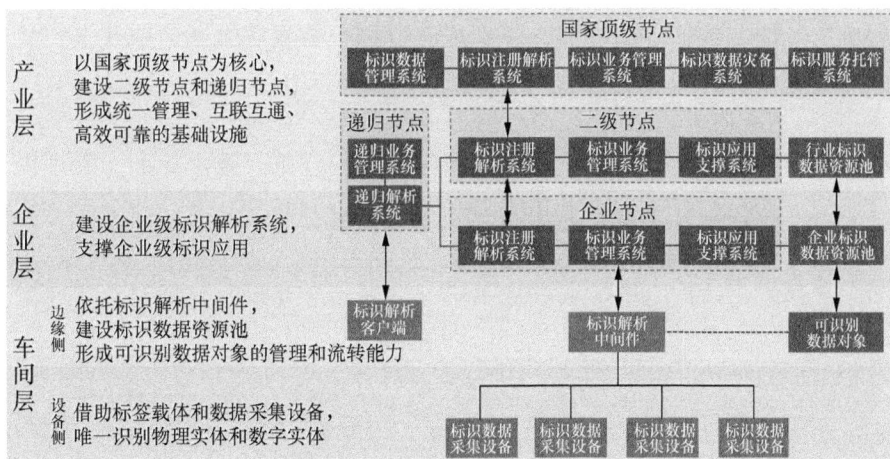

图 5-2　钢铁行业工业互联网标识解析体系建设部署架构

1. 车间层

车间层包括设备侧和边缘侧，设备侧借助标签载体和数据采集设备，依托企业节点标识注册功能，对钢铁行业产业链、全流程中的物理实体和数字实体进行"一物一码"标识。物理实体如原材料、设备、人员、钢铁产成品，数字实体如订单、仓单、物流单、模型算法等。边缘侧部署标识解析中间件，形成可识别数据对象的管理和流转能力，同时与钢铁行业工业软件实现接口对接，协助企业快速形成标识注册、解析能力。

2. 企业层

钢铁行业上下游及相关企业应以独立建设或托管建设的方式建设企业节点并将其接入钢铁行业二级节点。

企业节点应依托设备侧与边缘侧建设的能力，与企业内部工业软件、工业互联网平台实现横向对接打通，为企业提供工业互联网标识注册、解析、统计、数据存储等能力，形成企业标识数据资源池。企业节点属于企业信息系统，不仅要与二级节点对接，还要与企业内部系统对接，同时需要遵从企业相关规定及二级节点的编码规范、技术标准、管理规范、运营规范等管理体系要求。由于企业规模不同，企业可以根据自己的需求在标识注册、解析等功能基础上，建立企业自身管理方式和应用服务。

企业节点与工业软件和工业设备交互，实现编码的标识注册、标识解析、数据管理、运行监测等功能，根据需要提供异构标识的翻译和映射等功能，企业节点根据自身需要可以建设业务管理功能。企业节点的管理体系、应用体系和安全保障能力可以根据企业的实际需求来构建。企业节点需要与二级节点和递归节点对接，并满足相应的接口规范等要求。

3. 产业层

钢铁行业头部企业或具备相关服务能力的钢铁行业企业可申请建设标识注册服务机构（即指二级节点），负责建设和运营二级节点服务器。二级节点面向企业或个人提供标识注册、解析和数据管理等服务，起到承上启下的关键作用，与国家顶级节点对接，实现分级管理、全网解析。

工业互联网标识解析二级节点建设涉及标识编码分配和管理、信息系统建设和运营、标识应用对接和推广等工作，整体架构可划分为管理、功能、应用和安全保障四大体系。

管理体系主要用于规范二级节点建设与运营相关的管理要求，包括编码规则、技术标准、管理规范和运营规范等。功能体系主要从信息系统建设的角度，在具备基础设施的前提下，界定二级节点应提供的核心系统功能，包括标识注册、标识解析、标识查询、数据管理、业务管理、运行监测等。应用体系主要用于为标识应用提供支撑能力以促进标识应用开发，以及各种具体的标识应用，如供应链管理、重要产品溯源等。安全保障体系主要是保障标识解析二级节点的安全、稳定、可靠运行。此外，二级节点需要与国家顶级节点、企业节点、递归节点、标识注册管理机构对接，并满足相应的接口规范等要求。

案例10：基于标识解析的钢铁产品质量追溯

　　钢材"质量保证书"也叫"质保书"，是一份重要的质量文书，是生产企业对其出厂钢材质量的书面承诺。目前大部分钢铁企业已经实现了质保书电子化并"随车质保"，但是仍然面临数据缺失、质保书数据无法追溯而导致供需方发生"质量异议"事件及在个别情况下发生质保书被伪造、质保书被盗用的问题，同时在产品向多级销售代理流通过程中，企业也会遇到需要分拆质保书的问题。

　　基于标识解析体系，结合标识解析数据分布式存储、一物一码的属性，利用标识进行数据管理与打通，实现保证书与其他标识数据多维度关联、追溯、管理，推进钢铁行业售后服务应用落地，优化售后服务应用模式，基于标识解析的钢铁产品质量追溯体系如图5-3所示。

　　钢铁产品制造企业部署企业节点并打通其与内部 ERP 系统的数据接口。以钢板为例，在钢板生产下线环节，企业节点即调用接口从 ERP 系统获取钢板原料、规格、质检等数据，注册钢板产品工业互联网标识并存入企业节点服务器，生成标识并以吊牌或刻印的方式附在钢板上。在钢板发货环节，依据销售计划，ERP 系统生成提单及对应质保单，企业节点调用接口获取质保书相关数据，注册质保书工业互联网标识并存入企业节点，生成标识并附在电子质保书上。同时，质保书标识与钢板产品、订单、发货单、物流单等标识进行关联或建立索引关系，实现全流程数据关联关系打通。在售后服务环节，可提供一级销售客户在产品二级销售时的质保书分拆服务，分拆质保书，注册一一对应的分拆质保书标识并将其与原始质保书标识进行关联，将质保书标识提供给下游客户。结合企业工业互联网平台沉淀的 SaaS（软件即服务）或追溯系统，用户直接扫描质保书工业互联网标识，通过解析标识体系，给应用层信息管理系统提供及时准确的质量追溯信息，保证数据的实时、真实、可靠。

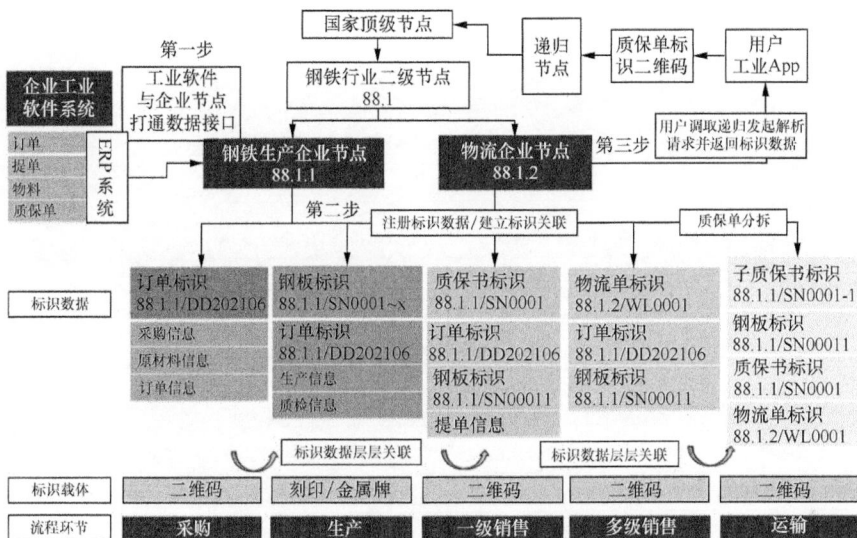

图 5-3　基于标识解析的钢铁产品质量追溯体系

第 6 章

工业互联网平台建设

Chapter 6

平台是工业互联网的中枢，包括边缘层、IaaS（基础设施即服务）、PaaS（平台即服务）和 SaaS 4 个层级，相当于工业互联网的"操作系统"，用于实现数据汇聚、建模分析、知识复用与应用创新。

6.1 业务需求

1. 车间层

一是满足设备状态实时监测需求，钢铁行业存在大量的高价值装备，如高炉、转炉、钢包、连铸机、轧机等，涉及动设备与静设备两大类别，涵盖工艺生产及动力公辅等多个领域，需要平台及时判断设备异常状态并给出维护建议。二是满足工况识别分析与优化的需求，涉及铁、钢、轧等主要工序的物料状态识别分析与预测，传统工艺优化多依赖人工经验、离线测试、数学机理模型，通过直接或间接的方式对由铁矿石直到钢铁材料成品过程中物料的形态、成分、温度等物理和化学性质进行的监测或预测，通常准确性不高，且具有一定的滞后性，需要基于平台搭载的各类智能化模型将原本的生产过程黑箱转变为实时可视化面板，实现更加精准的工况分析，支撑各类工艺优化应用。三是满足生产执行需求，基于平台智能化模型实现更广范围关联工序的优化调度，降低信息流通不畅导致的设备低效利用及温度与材料损失，保证生产工序的连续性。四是满足生产现场装备、产线的智能化控制需求，基于对现场复杂工况的精准监控与预测，结合各类智能化控制模型，实现对烧结、炼铁、炼钢、轧制等过程中重要产线、设备的控制参数优化及各类型工业机器人的自动控制。

2. 企业层

一是实现便捷的人、财、物管理，需要平台支持全公司人力、财务、资产等基础信息上传、汇聚与共享。二是实现进销存全链条管理优化，不但需要具备铁矿石、铁水、钢材成品等销售、采购、库存等基础服务能力，还需要打通三者环节实现企业最大化计划经营收益。三是实现生产管控一体化，通过平台汇聚炼铁、炼钢、连铸、热轧、冷轧等不同车间的生产要素，还要连接企业经营管理信息，通过智能分析为管理者提供全公司宏观决策依据。四是实现生产销售一体化，通过平台打通订单销售、质量设计及生产作业计划，快速反映市场订单，实现小批量灵活生产。

3. 产业层

一是钢铁行业产品种类繁多，产能存在一定程度的不平衡现象，下游用户尤其是市场采购话语权较低的中小用钢企业，不能及时找到自身所需产品，需要通过平台集成汇聚产品信息及用户需求，实现产品的在线展示及交易。二是钢铁行业属于资产密集型行业，需满足用户资金的高效利用和周转，需要通过平台打通企业和金融机构，实现快速融资贷款。三是钢铁行业需满足供应链资源高效利用的需求，基于平台打通上游原材料商、物流仓储服务商及生产企业，实现精准物流配送，提升钢铁供应链中各类资源的利用效率。

6.2 功能要求

1. 车间层

一是车间层平台自下接入生产现场数据，自上接收信息系统数据，因此首先要具备异构数据融合集成和分发，以及钢铁工业大数据流处理、批处理的通用功能。二是针对多种业务场景，平台需要具备实时参数优化、控制指令反馈等功能，形成优化闭环。三是平台要支持数据和智能化模型的集成应用，进行智能化模型训练和新型工业 App 的调用。

2. 企业层

企业层平台聚焦提升决策效率，实现企业透明管理与效益优化，具体业务包括制造管理、经营管理、决策支撑等。面向制造管理，平台需能够打通多生产基地生产系统，实现关键生产实绩数据的上传汇聚与作业计划、质量要求等信息下发，开展符合用户需求的产品一贯制管理、产销一体化运营、面向多生产基地的协同生产组织及钢铁生产原燃料的精准追踪管控。面向经营管理，平台需实现新建平台关联子系统及存量财务、人力、销售等平台的数据集成，推动实现业务财务一体化、设备资产的全生命周期管理及面向全公司的业务标准化执行。面向决策支撑，平台需汇聚生产制造与经营管理等各类型系统关键数据，基于平台搭载的多类型分析模型，实现对制造、管理及综合性的智能化分析决策。

3. 产业层

一是钢铁行业产业层平台需要具备汇聚上下游供应商、金融机构、物流企业等机构数据能力，实现全角色人员信息互通。二是需要具备云化协同应用的能力和用户权限管理的能力，提升协同作业效率，保障用户数据安全。三是具备数据智能分析与调度应用能力，实现产业链上下游企业资源最优配置。四是具备工业电商应用、供需对接应用、供应链与物流管理应用等产业级应用工具。

钢铁行业工业互联网平台功能架构如图 6-1 所示，其中边缘层建设为基础，PaaS 层通用能力及工业模型为核心，SaaS 层场景化应用为关键，汇聚钢铁行业生产、经营等核心数据，支撑钢铁行业传统业务的数字化转型及工艺优化、供应链协同等新模式、新业务的拓展。其中边缘层汇聚生产设备数据，同时承载工艺优化、设备管控等车间产线所需应用；IaaS 层提供服务器、存储、网络、虚拟化等基础功能；PaaS 层除提供资源管理等通用 PaaS 能力之外，还包含钢铁行业工艺模型及微服务、管理模型及微服务等行业特色模块，同时提供低代码开发平台，支持行业知识的沉淀复用及场景化应用的快速开发。SaaS 层包含设计、生产、管理、服务、资源协同等各领域工业 App，满足钢铁行业数字化转型各业务场景需求。

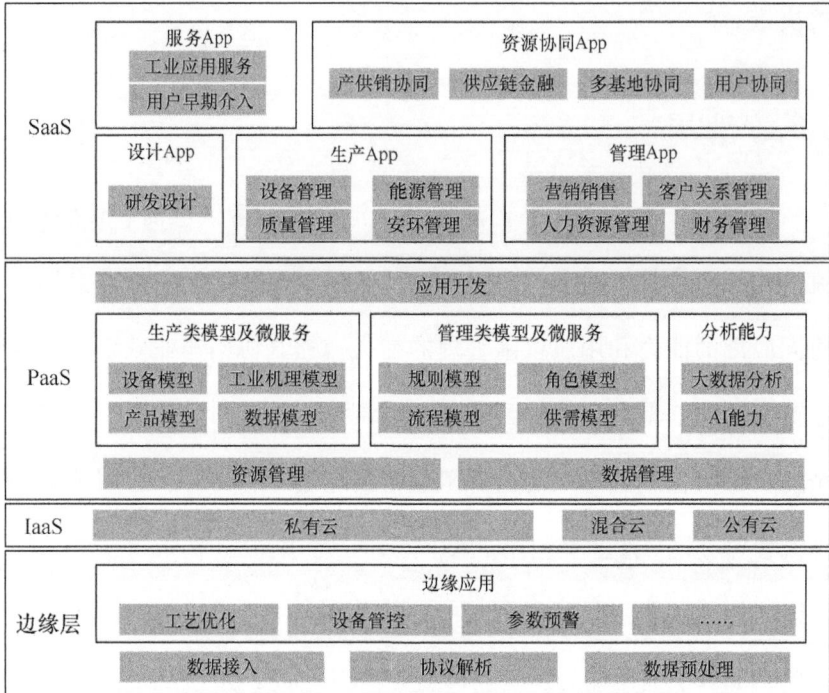

图6-1　钢铁行业工业互联网平台功能架构

6.3　建设部署方案

根据钢铁行业业务场景需求，工业互联网平台部署可以分为车间层、企业层及产业层三大层级，分别满足车间生产、集团管理及产业协同的不同需求，其平台建设部署架构如图6-2所示。

1. 车间层

面向钢铁行业设备健康管理类业务，平台应具备数据采集、数据管理、模型管理、数据分析功能。首先通过边缘网关采集设备数据，通过协议解析、数据预处理支持异构数据融合集成，通过数据分析计算，在输入设备模型后分析设备状态，给出故障预警和优化建议。

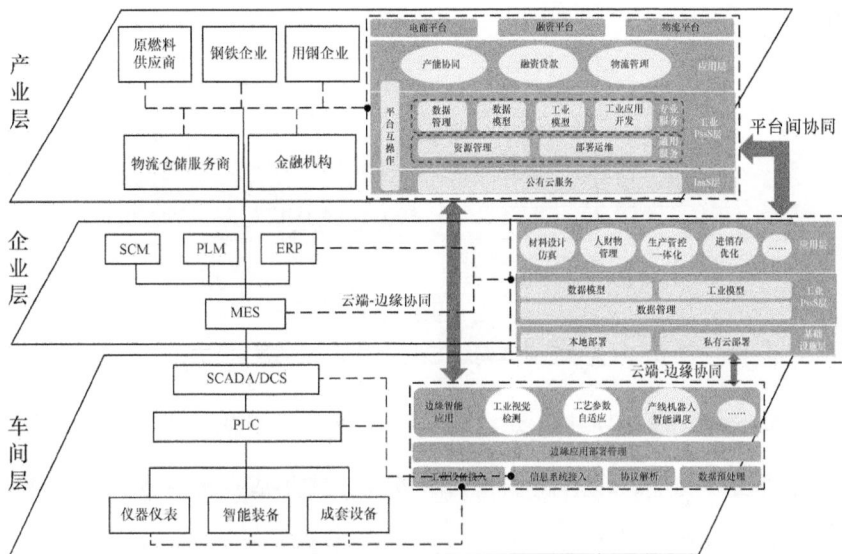

图 6-2　钢铁行业工业互联网平台建设部署架构

面向工艺优化类业务，平台应具备数据采集、数据管理、模型管理、数据分析、数据可视化功能。此类业务主要采集仪器仪表、智能设备搭载的传感器等表征生产过程的数据，经过融合集成后输入工业机理模型，通过数据可视化实时监控生产状态，并计算得出工艺优化方案。

面向生产执行和自动控制类业务，平台应具备数据接入和边缘控制功能，其部署实施方式如图 6-3 所示。通过接入设备数据并与上层经营管理系统集成，最终形成生产过程的控制指令并传输到设备执行。

2. 企业层

面向经营管理优化业务，平台应具备异构数据接入、大数据计算分析

和管理等功能，通过将人力、财务、资产、销售、采购等基础信息上传
至平台数据管理模块，实现信息的汇聚与共享，进而实现企业运营的分
析优化。

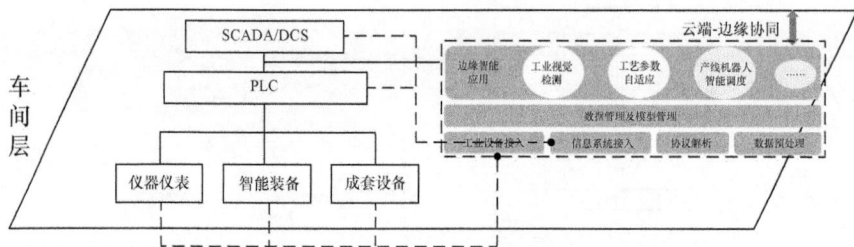

图 6-3　钢铁行业车间层工业互联网平台部署实施方式

面向生产管控一体化业务，平台应具备资源调度、数据管理、数据
分析与建模等功能，以搭建私有云服务的方式集成业务管理系统和生产
执行系统中的数据，实现企业生产要素和经营管理信息的实时汇集、分
析和交互，支撑企业智能决策。

面向产品研发设计业务，平台应具备数据接入、数据建模与分析、
机理建模等功能，其部署实施方式如图 6-4 所示，通过搭建私有云服务
的方式来调用数据管理、数据分析、机理建模等功能模块，实现传统
CAX（计算机辅助技术的综合）等研发设计工具件中的数据打通与云端
集成，从而实现云端的汇聚与协同应用。

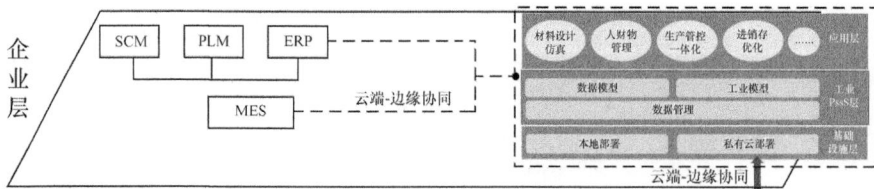

图 6-4　钢铁行业企业层工业互联网平台部署实施方式

3. 产业层

面向产能供需协同业务，平台应具备海量数据存储、大数据计算分析及 SaaS 化应用开发等功能，通过租用公有云服务的方式来满足基础硬件资源需求，然后调用数据管理、大数据分析及应用开发功能模块，进而开发钢铁行业电商平台类工业 App。

面向企业融资贷款业务，平台应具备海量数据存储、大数据计算分析、资产评估、跨平台互操作及 SaaS 化应用开发等功能，以租用公有云服务的方式来调用数据管理、大数据分析、模型管理及应用开发功能模块，实现企业与金融机构数据互通，进而开发融资平台类工业 App。

面向精准物流管理业务，平台应具备数据实时存储、实时计算分析及 SaaS 化应用开发等功能，其部署实施方式如图 6-5 所示，通过租用公有云服务的方式来调用数据管理、实时数据分析、跨平台互操作及应用开发功能模块，实现企业与物流服务商数据实时打通，进而开发物流管理平台类工业 App。

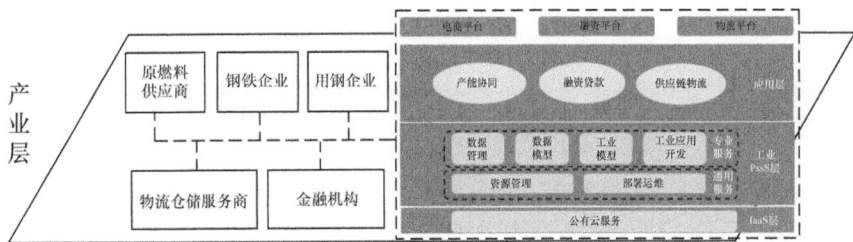

图 6-5　钢铁行业产业层工业互联网平台部署实施方式

案例11：中国宝武钢铁集团有限公司工业互联网平台建设

针对"一总部多基地"的企业结构，中国宝武钢铁集团有限公司工业互联网平台采用两层结构部署，其平台架构如图6-6所示。在生产基地部署工厂级平台iPlat，解决数据采集并搭载边缘应用。iPlat从仪器仪表、智能装备、工业监控、PLC/DCS（可编程逻辑控制器/分散控制系统）中采集数据，通过边缘计算技术，实现运行过程优化、边缘控制、机理建模等工业应用。在总部部署ePlat，解决数据融合后的数据应用问题。ePlat融合汇聚生产现场、管理信息系统和行业数据，实现集团企业内的协同管理，以及平台用户的行业协同优化。

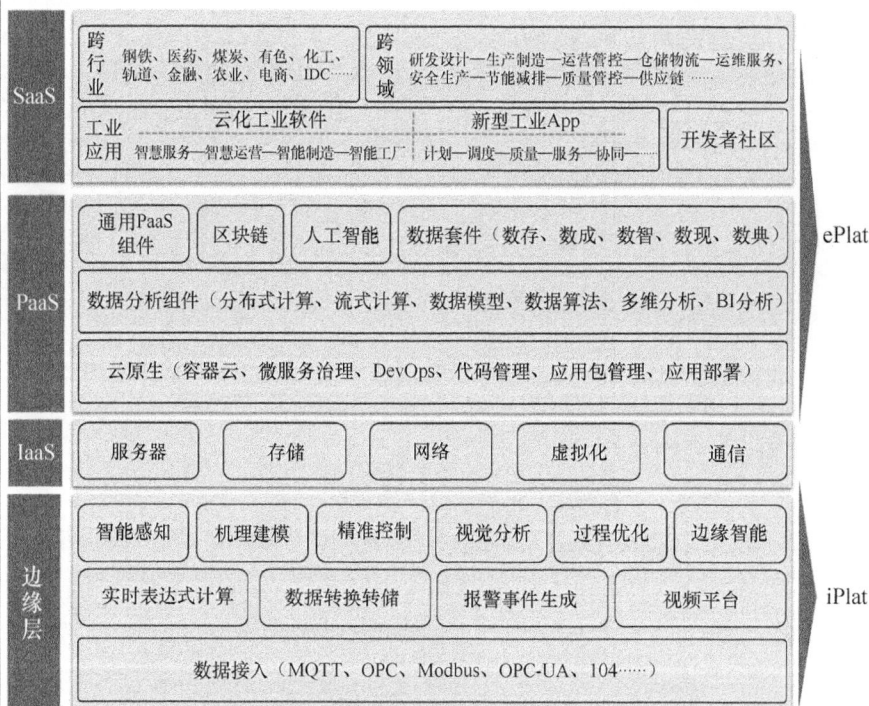

图6-6　中国宝武钢铁集团有限公司的工业互联网平台架构

第 7 章
工业互联网安全防护体系建设

Chapter 7

安全是钢铁行业工业互联网的重要保障，围绕设备、控制、网络、平台、工业 App、数据等多层级构建网络安全体系，建立健全工业互联网企业网络安全分类分级管理制度，加强监测预警、应急响应、检测评估等技术手段和安全机制建设，推动工业互联网健康有序发展。

7.1　基于业务的安全需求

钢铁行业安全需求着重从设备安全、控制安全、网络安全、标识解析安全、平台安全、应用安全和数据安全等方面考虑。**设备安全方面**，主要关注边缘智能设备安全，涉及无人行车、各工序工业机器人等智能设备，温度、电力等各类智能仪表及其他类型智能设备。**控制安全方面**，主要关注过程控制安全，包含终端工业控制机、工业控制系统及组态软件等。**网络安全方面**，关注生产现场网络安全、企业内跨基地网络安全、跨企业通信安全等，包含现场总线、工业以太网及 5G 网络等的网络安全。**标识解析安全方面**，包含标识解析节点架构、标识解析系统安全、标识解析数据安全、标识解析运营安全等。**平台安全方面**，包括平台设备与系统安全接入、工业云平台基础设施安全、平台数据安全等。**应用安全方面**，重点关注平台边缘接入安全和运行安全，确保企业经营管理类业务、供应链产业链协同类业务等各类业务的应用安全。**数据安全方面**，需关注边缘智能仪表数据采集与传输安全、企业相关客户个人信息保护、企业内外部重要数据、敏感数据的安全。此外，应同步做好涉及工业互联网全要素的**安全管理**、安全分类分级、**安全监测**、**安全评测**工作。

7.2　功能架构

安全功能架构体现了工业互联网安全功能在"**设备层、边缘层、企业层、产业层**"的层层递进，具体包括设备安全、控制安全、网络安全、标识解析安全、应用安全和数据安全，以及贯穿于整个层级的**安全管理**、安全分类分级、**安全评测**（漏洞扫描、漏洞挖掘、渗透测试、上线检测）和**安全态势感知与风险监测**（安全配置、资产安全管理、安全监测与审计、态势感知、风险预警），如图 7-1 所示。

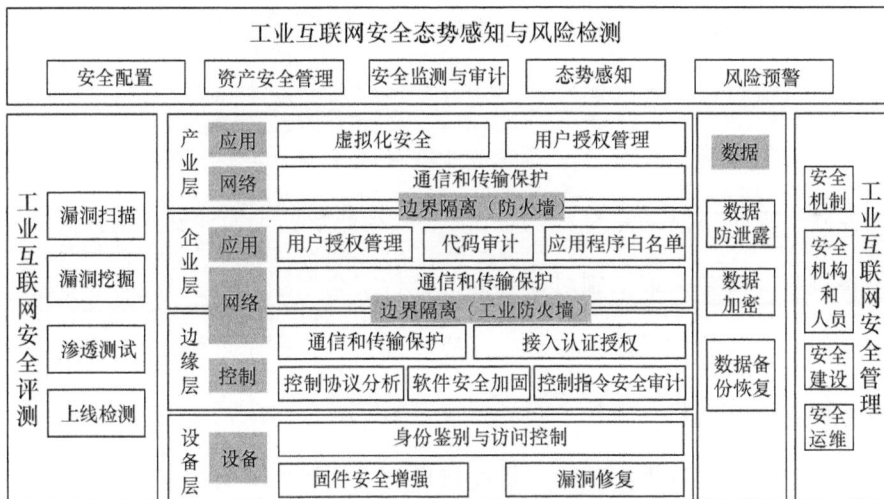

图 7-1　钢铁行业工业互联网安全功能架构

7.3　建设部署

1. 车间层

边缘层安全防护体系建设致力于面向钢铁行业实体实施安全策略，

从而实现边缘安全防护。确保钢铁行业工业互联网边缘层的设备安全、控制安全、网络安全、标识解析安全、数据安全。

（1）边缘层的设备安全

边缘层的设备安全主要包含智能装备的软件安全与硬件安全，通过采取设备身份鉴别与访问控制、固件安全增强、漏洞修复等安全策略，确保钢铁边缘侧设备的安全。如智慧炼铁应用场景中，根据工作环境制定工业传感器相应保护措施，保障其工作状态安全与数据采集的准确可靠，如高炉炉顶热成像自保护功能，热电偶采用柔性材质防止碳砖形变扯断损坏。**设备身份鉴别与访问控制方面**，对于接入工业互联网的压力传感器、流量传感器、温度传感器等现场设备，应支持基于硬件特征的唯一标识符，确保只有合法的设备能够接入工业互联网并根据既定的访问控制规则向其他设备或上层应用发送或读取数据。**固件安全增强方面**，设备供应商需要采取措施对设备固件进行安全增强，阻止恶意代码传播与运行，可从操作系统内核、协议栈等方面进行安全增强，并力争实现对于设备固件的自主可控。**漏洞修复方面**，设备供应商应对工业现场中常见的设备与装置进行漏洞扫描与挖掘，发现操作系统与应用软件中存在的安全漏洞，并及时对其进行修复。

（2）边缘层的控制安全

边缘层的控制安全主要包含控制系统安全和控制协议安全。具体包括控制协议分析、软件安全加固、控制指令安全审计等安全策略。如智能烧结应用场景中，烧结智能控制系统服务器采用双机热备的方式进行搭建，提高系统容灾能力。**控制协议分析方面**，为了确保控制系统执行的控制命令来自合法用户，必须对使用系统的钢铁企业用户进行身份认证，未经认证的用户所发出的控制命令不被执行。在控制协议通信过程中，一定要加入认证方面的约束，避免攻击者通过截获报文获取合法地址建立会话，影响控制过程安全。不同的操作类型需要不同权限的认证用户来操作。在控制协议设计时，应根据具体情况，采用适当的加密措施，保证通信双方的信息不被第三方非法获取。**软件安全加固方面**，控制软件的供应商应及时对控制软件中出现的漏洞进行修复或提供其他替代解决方案，如关闭可能被利用的端口等。**控制指令安全审计方面**，通过对控制软件进行安全监测审计可及时发现网络安全事件，避免发生安全事故，并可以为安全事故的调查提供翔实的数据支持。

（3）边缘层的网络安全

边缘层的网络安全主要涉及企业内网安全，具体包括通信和传输保护、边界控制、接入认证授权等安全策略。如智能烧结应用场景中，现场核心模块通信采用相应安全隔离设备（工业防火墙、工业网闸等），并限制访问量与访问频率，防止对控制系统的冲击影响。**通信和传输保护方面**，采用相关技术手段来保证通信过程中的机密性、完整性和有效性，防止数据在网络传输过程中被窃取或被篡改，并保证合法用户对信息和资源的有效使用。同时，在标识解析体系的建设过程中，需要对解析节点中存储的及在解析过程中传输的数据进行安全保护。**边界控制方面**，在 OT 安全域之间采用网络边界控制设备（工业防火墙），以逻辑串接的方式进行部署，对安全域边界进行监视，识别边界上的入侵行为并进行有效阻断。**接入认证授权方面**，接入网络的设备与标识解析节点应该具有唯一性标识，网络应对接入的设备与标识解析节点进行身份认证，保证合法接入和合法连接，对非法设备与标识解析节点的接入行为进行阻断与告警，形成网络可信接入机制。网络接入认证可采用基于数字证书的身份认证等机制来实现。

（4）边缘层的标识解析安全

边缘层的标识解析安全主要从运行环境安全、身份安全、数据安全等层面采取安全策略，确保钢铁行业企业标识解析的安全可靠。**运行环境安全方面**，主要从物理环境、设备及软件系统、网络等方面部署安全防护措施，保障工业互联网标识解析终端、节点等运行环境安全。**身份安全方面**，主要从终端、协议等方面采取防护措施，保障工业互联网标识解析终端、节点组织机构身份可信，防止伪造身份的中间人攻击、重放攻击及越权访问。**数据安全方面**，主要从数据采集方面采取防护措施，确保工业互联网标识解析各主体数据可用性、完整性和保密性。

（5）边缘层的数据安全

边缘层的数据安全主要集中在**数据采集保护**，通过工业互联网从外部系统收集数据，在数据收集的过程中，必须要考虑安全防护措施，防止敏感数据泄露、业务数据出错及采集无关的敏感数据。应遵循合法、正当、必要的原则收集与使用数据及用户信息，公开数据收集和使用的规则，向用户明示收集使用数据的目的、方式和范围，经过用户的明确授权同意并签署相关协议后才能收集相关数据。授权协议必须遵循用户意愿，不得以拒绝提供服务等形式强迫用户同意数据采集协议。另外，不得收集与其提供的服务无关的数据及用户信息，不得违反法律、行政法规的规定和双方约定收集、使用数据及用户信息，并应当依照法律、行政法规的规定和与用户的约定处理其保存的数据及个人信息。

2. 企业层

企业层安全防护体系建设致力于确保企业内部安全，部署的关键在于确保工业互联网企业层的网络安全、标识解析安全、应用安全、数据安全。

（1）企业层的网络安全

企业层的网络安全主要涉及企业外网安全，具体包括通信和传输保护、边界控制等安全策略。**通信和传输保护方面**，与边缘层安全防护体系中的针对网络安全的通信和传输保护方面的具体策略保持一致。**边界控制方面**，在 IT 安全域之间采用网络边界控制设备（防火墙），以逻辑串接的方式进行部署，对安全域边界进行监视，识别边界上的入侵行为并进行有效阻断。

（2）企业层的标识解析安全

企业层的标识解析安全主要从身份认证、服务运营安全和数据安全等层面采取安全策略，为钢铁行业相关企业提供安全保障。**身份认证方面**，与边缘层的标识解析安全的身份安全方面相关策略保持一致。**服务运营安全方面**，主要包括建立健全安全管理支撑、标准规范指引、技术手段保障、资源管理协同的安全服务运营体系，提升服务运营安全，保障标识解析体系安全、稳定、持续运行。**数据安全方面**，应从存储、传输、使用等方面采取防护措施，确保工业互联网标识解析各主体数据可用性、完整性和保密性。

（3）企业层的应用安全

企业层的应用安全主要关注钢铁行业各类工业应用场景的业务应用及其配套应用程序等，通过采取用户授权管理、代码审计等安全策略确保企业层的应用安全。**用户授权管理方面**，钢铁行业工业互联网平台用户分属于不同企业，需要采取严格的认证授权机制保证不同用户能够访问不同的数据资产。同时，认证授权需要采用更加灵活的方式，确保用户间可以通过多种方式将数据资产分模块分享给不同的合作伙伴。**代码审计方面**，主要通过代码审计检查源代码中的缺点和错误信息，分析并找到这些问题引发的安全漏洞，并提供代码修订措施和建议。

（4）企业层的数据安全

企业层的数据安全主要关注数据分析服务安全。工业互联网平台经常要采用相关算法对数据进行挖掘分析，获取并得到业务所需的数据，因此必须要保障数据分析服务的安全。**数据挖掘方面**，针对不同接入方式的数据挖掘用户，应采用不同的认证方式。需要检查使用数据的合法性和有效性。在数据挖掘过程中，应对挖掘算法使用的数据范围、数据状态、数据格式、数据内容等进行监控。应对挖掘内容、过程、结果、用户进行安全审计。**数据输出方面**，应对应用数据的各种操作行为、操作结果予以完整记录，确保操作行为的可追溯，对所有输出的数据内容都进行合规性审计，对数据输出的接口进行规范管理。如需将数据输出到平台以外的实体时，在输出前应对数据进行脱敏操作，确保输出的数据满足约定的要求且不泄露敏感信息。

3. 产业层

产业层安全防护体系部署的关键在于确保工业互联网产业层的网络安全、标识解析安全、应用安全、数据安全。

（1）产业层的网络安全

产业层的网络安全主要涉及跨企业通信安全，具体包括通信和传输保护、边界控制等安全策略。**通信和传输保护方面**，与边缘层安全防护体系和企业层安全防护体系中的针对网络安全的通信和传输保护方面的具体策略保持一致。**边界控制方面**，与企业层安全防护体系中的针对网络安全的边界控制方面的具体策略保持一致。

（2）产业层的标识解析安全

产业层的标识解析安全主要从身份认证、服务运营安全和数据安全等层面采取安全策略，为钢铁行业相关企业提供安全保障。**身份认证方面**，与边缘层的和企业层的标识解析安全的身份认证方面相关策略保持一致。**服务运营安全方面**，与企业层的标识解析安全的服务运营安全方面相关策略保持一致。**数据安全方面**，与企业层的标识解析安全的数据安全方面相关策略保持一致。

（3）产业层的应用安全

产业层的应用安全主要关注供应链产业链协同类业务相关应用安全等，通过采取用户授权管理、虚拟化安全等安全策略确保企业层的应用安全。**用户授权管理方面**，与企业层安全防护体系中的针对应用安全的用户授权管理方面的具体策略保持一致。**虚拟化安全方面**，虚拟化是边缘计算和云计算的基础，为避免虚拟化出现安全问题影响上层平台的安全，在平台的安全防护中要充分考虑虚拟化安全。虚拟化安全的核心是实现不同层次及不同用户的有效隔离，其安全增强可以通过采用虚拟化加固等防护措施来实现。

（4）产业层的数据安全

产业层的数据安全保护需在企业级数据安全防护要求的基础上，满足数据交换共享与公开披露、数据归档与销毁等方面的要求。**数据交换共享与公开披露方面**，在数据交换共享与公开披露前对数据进行安全评估，并根据评估情况采取相应的防护措施，确保数据交换共享与公开披露安全。建立数据交换共享安全监控措施，对交换共享的数据及数据交换共享行为等进行监控，确保交换共享的数据合理规范，未超出授权范围。采用数据标注、水印等溯源技术，对数据流经节点及共享流转过程中的篡改、泄露、滥用等行为进行溯源。根据交换共享或公开披露的数据特点、应用场景等选择合适的脱敏方法，并对数据脱敏有效性进行评估，保证数据脱敏完全及脱敏后数据的可用性。**数据归档与销毁方面**，对访问频率极低的数据进行归档，建立归档数据保护机制，防止数据被篡改和删除。采用硬盘格式化等技术手段，确保数据销毁。建立数据销毁审批机制，设置数据销毁相关监督角色、监督操作过程等。采用硬盘格式化、多次擦写、消磁等技术手段，确保数据完全被销毁，不留痕迹，不能被恢复。完全清除数据导入导出通道中的数据，并在数据存储空间被释放或重新分配前完全清除数据，防止数据被恶意恢复。采用粉碎、拆解等方式，实现物理销毁存储介质，并在保证数据完全删除后，再销毁废弃存储介质，确保以不可逆的方式销毁数据。

4. 安全管理体系建设

安全管理体系建设贯穿于钢铁行业各个层级，主要涉及安全机制、安全机构和人员、安全建设、安全运维等方面。**安全机制方面**，应对安全管理活动中重要的管理内容建立安全管理制度，制定安全工作的总体方针和安全策略，定期对安全管理制度的合理性和适用性进行论证和审定，对存在不足或需要改进的安全管理制度进行修订。**安全机构和人员方面**，设立安全管理工作的职能部门，设立安全主管、安全管理各个方面的负责人岗位，并定义部门及各负责人的职责，定期进行常规安全检查，检查内容包括系统日常运行、系统漏洞和数据备份等。**安全建设方面**，在规划时充分考虑安全需求，进行安全方案设计，选择合适的安全防护措施。在开发过程中，关注自行软件开发和外包软件开发中的安全要求和实际执行情况。在测试验收时，制订测试验收方案，并进行上线前的安全性测试。在系统交付时，根据交付清单进行清点，并对负责运行维护的技术人员进行相应的技能培训。**安全运维方面**，对于网络和系统安全管理，建立配套的安全管理制度和操作手册，并详细记录运维操作日志。制定安全事件报告和处置管理制度，明确不同安全事件的报告、处置和响应流程。建立统一的应急预案框架，制定重要事件的应急预案，并定期进行应急预案的培训和演练。

5. 安全分类分级体系建设

钢铁行业相关企业应依据《工业互联网企业网络安全分类分级管理指南》要求和《工业互联网企业网络安全 第1部分：应用工业互联网的工业企业防护要求》等规范，加快推进企业网络安全分类分级工作，落实与自身安全级别相适应的防护措施，自行或委托第三方评测机构开展标准符合性评测和风险评估。

钢铁行业相关企业应按照**企业自主定级、企业定级上报、形成定级清单、开展定级核查**的步骤有序开展分类分级工作。**企业自主定级方面**，根据评定规则与企业实际，开展自主定级，并形成定级报告。**企业定级上报方面**，在自主定级后10个工作日内将定级结果上报地方主管部门。**形成定级清单方面**，省级工业和信息化主管部门、通信主管部门形成属地工业互联网企业清单；三级的工业互联网企业清单定期上报工业和信息化部。**开展定级核查方面**，地方工业和信息化主管部门、通信主管部门每年对工业互联网企业开展抽查，指导企业准确定级，落实安全防护措施。此外，钢铁行业相关企业可依托全国工业互联网企业网络安全分类分级管理服务平台开展自主定级、评估整改上报等全环节工作。

6. 安全态势感知与风险监测系统建设

工业互联网安全态势感知与风险监测系统建设通过技术手段实现对安全威胁的发现识别、理解分析、响应处置，主要包括安全监测与审计、安全态势感知等关键技术。工业互联网安全态势感知技术在网络空间搜索引擎的基础上，添加工业控制系统及设备的资产特征，利用软件代码的形式模拟常见的工业控制系统服务或工业控制专用协议（如 Modbus、Profinet、FINS 等），利用深度包检测（DPI）技术，对网络及应用层协议（如工业控制专用协议、通用协议等）进行逐层解析与还原工作，最终完成访问日志合成、工业控制设备资产检测、工业控制漏洞及安全事件识别等安全检测工作。

7. 安全评测系统建设

工业互联网安全评测系统建设需采取技术手段对工业互联网安全防护对象进行测试和评价，了解其安全状态，主要包括漏洞挖掘、渗透测试等技术。**漏洞挖掘方面**，工业互联网中的漏洞挖掘技术，需对工业控制系统网络特性、生产过程控制及其控制协议进行分析，采取有针对性的模糊测试技术。在工业互联网中，需采用 IT 和 OT 融合环境下的漏洞挖掘思维，运用多种组合且深度融合的漏洞挖掘技术。**渗透测试方面**，工业互联网中的渗透测试技术，要以工业控制系统中渗透测试的实际需求为出发点，辅以渗透测试执行标准（PTES）、《信息安全测试评估技术指南》（NIST SP800-115）、《开源安全测试方法手册》（*OSSTMM*）、《开放式 Web 应用程序安全项目测试指南》（*OWASP Testing Guide*）等渗透测试和安全测试流程指南，完成对工业控制系统渗透测试的检测与分析，提取关键流程、步骤、技术。工业互联网安全渗透测试并不是将多种渗透测试安全工具进行拼装应用，而是将多种渗透工具高度融合后进行使用。

案例12：工业控制网络内生安全实践

随着钢铁行业 IT/OT 一体化的逐步推进，工业控制系统越来越多地与企业网和互联网相连接，形成了一个开放式的网络环境。IT/OT 一体化在拓展了工业控制系统发展空间的同时，也带来了一系列网络安全问题。面对蠕虫病毒、恶意代码、勒索软件等攻击，毫无防备的工业网络往往没有丝毫的抵御能力，一旦遭受攻击，将会严重影响生产，带来较为严重的经济损失。

南京钢铁集团有限公司根据自身工业控制系统现阶段的安全现状，结合整体安全整改的必要性，建设其工业控制网络的安全防护体系，如图 7-2 所示，通过安全管理、安全技术和安全运营三位一体的协同运作，实现工业生产的持续稳定运行。

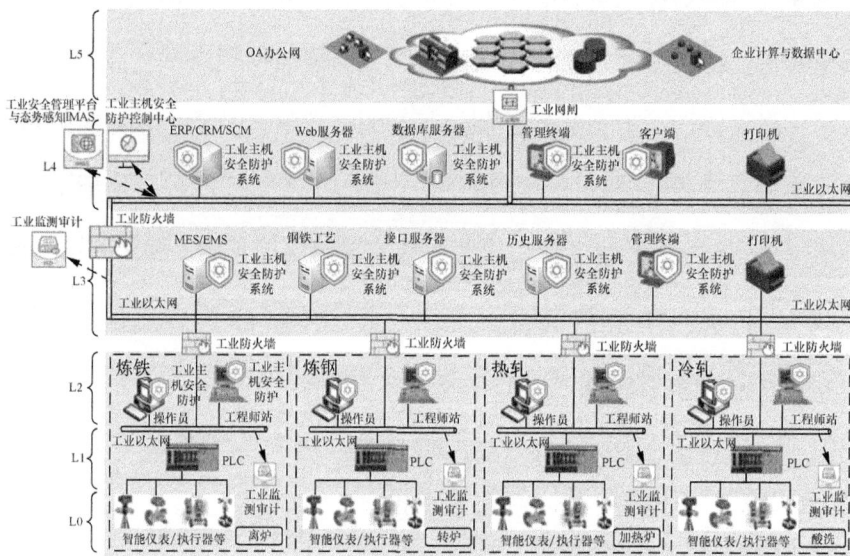

图 7-2　工业控制网络安全防护体系

一是识别记录工业资产，建设工业资产管理体系。部署"工业安全检查工具箱""工业安全监测系统"，对工业控制系统进行全面的网络安全评估和检查。通过"被动流量识别＋主动探测识别＋人工录入"

的三重资产识别方式，摸清工业资产家底，并将数据同步至工业控制网络安全态势感知与管理平台，建立工业资产数据库，满足《工业互联网企业网络安全分类分级管理指南》对终端计算机、控制设备、联网工业系统资产识别的要求，为工业控制系统的漏洞识别与体系化防护夯实基础。

二是建立工业控制网络威胁知识库，进行漏洞威胁统一管理。通过对工业控制网络内 PLC、SCADA（数据采集与监视控制）、DCS、RTU（远程终端单元）、工业控制专用网络设备及软件进行全面的安全检测，发掘系统缺陷及漏洞，汇总信息至工业控制网络安全态势感知与管理平台，建立工业资产漏洞库，在安全事件发生之前发现潜在风险，在漏洞窗口期跟踪修补情况，并在安全事件之后定位脆弱点从而进行整改，形成完整的安全防护闭环。

三是构建工业控制网络安全态势感知与管理平台，进行全局安全现状感知。在生产管理层部署"工业控制网络安全态势感知与管理平台"，在"L3 监控层、L2 控制执行层"旁路部署工业安全监测探针，发现网络中的资产、漏洞、威胁、异常行为，并通过建模分析提供量化的风险指数和等级显示，输出安全现状分析报表，为下一步的安全整改提供全面的数据支撑。

第 8 章

组织实施

Chapter 8

8.1 基本原则

整体规划、分步实施。从钢铁生产全流程出发，制定企业转型发展整体战略和工业互联网建设蓝图。根据基础条件和需求急迫程度，制定分阶段实施方案，分步推进规划落地。

夯实基础、创新驱动。面向工业互联网基础技术需求，加快夯实自动化、信息化等方面的基础。积极探索大数据、人工智能、5G 等新一代信息技术与钢铁行业的融合创新。

标准先行、应用落地。构建统一的标准体系，确保建设后各系统和各环节标准互认、数据互通。围绕钢铁行业冶炼、轧制等典型场景，加速工业互联网应用落地。

制度保证、安全可控。建立强有力的实施组织架构、推进制度和责权体系，保证应用取得实效。将安全作为融合应用的前提，实施工业互联网企业网络安全分类分级管理，提升网络安全、数据安全、功能安全保障能力。

8.2 关键技术应用

1. 关键技术应用内容

（1）智能装备部署应用

钢铁行业生产现场多存在高温、高噪声、高粉尘等危险因素，对现场操作人员的生命安全造成潜在威胁。为提升生产现场的本质安全水平，优化高重复性、高劳动强度工作岗位，控制成本，提升现场工作效率，应用各类智能装备已成为行业发展的必然选择。

　　智能装备的部署建设，**一方面可通过在传统设备上进行叠加升级的方式进行**，比如针对堆取料机、运输行车及铁水运输机车等存量设备的智能化改造，在原有设备与自动化控制的基础上升级或新增无人驾驶控制系统（包含电控系统、控制模型等）、机器视觉识别系统，同时开展区域及设备网络的升级改造，从而实现原有设备的智能化、无人化运行。**另一方面可直接新建部署各类智能装备**，比如针对各类新型工业机器人的建设部署。

　　当前钢铁行业智能装备应用种类多样，具体类型如表 8-1 所示。根据应用场景与运行模式可将钢铁行业智能装备分为 3 类。**一是物流运输类智能装备**，主要用于在不同工序、不同环节之间运输物料及产品，如用于在炼铁与炼钢环节运输物料的无人铁水运输车，用于调运钢卷、炼铁散料等物料的无人行车（如图 8-1 所示），用于在钢铁原料厂进行自动化堆料、取料的无人堆取料机。该类智能装备多基于铁水运输机车、运输行车、堆取料机等存量设备进行自动化、无人化改装，通过结合控制模型、机器人视觉定位等相关技术，实现传统设备的智能化升级。**二是生产辅助类智能装备**，主要用于在包装、标记等非工艺生产环节替代人员或传统设备，提升业务效率，如用于钢卷打捆焊接的高温焊接机器人，用于钢坯、钢板、钢卷等产品进行标记与识别的喷标、喷号、贴标机器人（喷号效果如图 8-2 所示），用于冷轧车间钢卷开卷的拆捆机器人，用于钢板检化验取样的单点搬运机器人及用于车间产线巡检的巡检机器人等。**三是工艺生产类智能装**

备，主要用于直接参与钢铁冶炼各主要工序生产作业环节，代替人员、设备在高温、高粉尘等危险环节进行生产作业，提升作业效率，加强工序连续性。当前工艺生产辅助装备已经应用于铁、钢、轧等钢铁生产的主要环节，如炼铁工序用于开展炉前作业的自动换纤、自动加泥炮机器人；用于炼钢环节作业的测温取样机器人（如图 8-3 所示），以及辅助钢水表面废渣扒除的自动扒渣机器人（如图 8-4 所示）；用于连铸环节加渣、取样、测温等工作的无人化浇铸机器人；用于冷轧环节镀锌作业的自动捞渣机器人等。

表 8-1　钢铁行业智能装备类型

工序	智能装备
原料场	无人堆取料机、激光扫描仪等
炼铁	自动加泥炮设备、自动换钎装置、无人化抓斗行车等
铁水运输	无人铁水运输车等
炼钢	测温取样机器人、自动喷印机器人、自动加渣机器人、缺陷检测系统、喷号自动识别系统、板坯电磁搅拌智能系统、无人化板坯及方坯行车等
连铸	无人化浇铸机器人等
热轧	板坯喷号自动识别系统、库区无人行车、自动打捆机器人、自动喷印机器人、自动贴标机器人、表面质量检测系统等
冷轧	捞渣机器人、拆捆机器人、自动贴标机器人、取样搬运机器人、自动打捆机器人、表面质量检测系统等

图 8-1　无人行车

图 8-2　方坯自动喷号机器人的喷号效果

图 8-3　测温取样机器人

图 8-4　自动扒渣机器人

（2）智能化模型升级

钢铁生产工艺流程复杂，设备运行黑箱程度高，生产作业影响因素众多，传统通过有经验的工人进行工况识别、控制操作的方式效率较低。同时随着资源环境约束的进一步增强，单纯基于冶金原理、物料平衡及热平衡的生产控制也越来越难以满足生产过程更加高效、集约并能快速适应市场变化的新型要求。

当前信息技术与钢铁行业的融合程度不断提升，基于人工智能、大数据等技术的新型智能化模型被越来越多地应用到钢铁生产过程中，通过在不同工序、环节建立智能化模型，结合各类新型传感器广泛采集全流程关键数据信息并进行深度分析，实现对生产过程的工况预测、设备使用状态预测，开展精准的过程控制，最终实现生产过程的自感知、自适应与自决策，提升物质与能源的利用效率。相较于传统数学模型，数据驱动建立的新型智能模型可经过不断的数据训练迭代升级，实现更加及时、精准的分析预测。

根据智能化模型的主要应用领域，可将当前领先企业广泛应用于生产制造的模型分为三类。**一是参数计算类模型**，主要指通过对静态数据进行分析计算，预测得到物质状态、成分的模型，如烧结配料优化模型是基于智能算法技术，不断通过大量实时数据进行训练得到的智能化模型，基于智能化模型的烧结配矿有效避免了对人工经验及机理知识的过度依赖，利用模型不断迭代升级的特点可以实现更加精准的烧结矿质量预测，从而实现配料的优化调整。**二是动态模拟类模型**，主要指基于实时数据分析、仿真设备模拟物料动态演变状态的模型，如基于大数据等技术建立的高炉炉底侵蚀推断模型，通过分析由广泛部署在高炉不同位置热电偶采集到的实时温度等关键数据，利用数据挖掘技术模拟、预测高炉炉底侵蚀情况，并对异常点进行安全预警，助力高炉的运维保养。

三是工艺控制类模型，主要指通过当前实时工艺控制状态进行数据分析，指导过程控制参数优化的相关模型，覆盖了原料加工、冶炼过程及材料成型等主要设备、产线的控制作业。但从当前实际来看，由于钢铁生产对于稳定性、安全性具有较高要求，单纯基于数据及人工智能等相关技术构建的智能化模型可解释性相对较低，因此生产相关模型应用仍以机理数学模型或数学模型与数据模型相结合为主。此外，越来越多的智能化模型被应用于钢铁企业的经营管理当中，用于企业采购需求预测、经营风险判断、市场行情预测等各类场景。

（3）大数据平台应用

钢铁企业多为大型企业，企业生产制造与经营管理相关业务十分复杂，随着自动化、信息化系统的不断完善，各业务环节产生大量数据，总体来看，这些数据基本可分为三类。**一是用于监测、报警及趋势分析等场景的海量时序数据**，主要由各类传感器、控制器采集得到，采样频率极高，因此数据量极大。**二是用于生产经营管理相关的业务数据**，主要来自 MES、ERP、EMS（企业管理系统）等各类业务信息化系统，既包含企业自身的经营数据，也包含企业外部供应链采购及客户营销相关数据。**三是用于物料状态识别、产品表面质检、生产现场监控等场景的图片、视频及音频等非结构化数据**。前述三类数据规模庞大，一方面已超越传统信息技术处理范围，另一方面各类数据存在于不同信息系统，接口混乱、标准多样导致数据孤岛林立，无法相互关联，数据难以发挥潜在的价值。

为此，钢铁企业应建立统一的大数据平台，搭建图 8-5 所示的应用架构，在不影响整体数据架构的前提下，制定符合应用分析主题的大数据平台具体实施方案。一是开展跨业务、跨工序海量数据的全面采集，通过信息模型等技术实现异构系统数据层面的信息集成与互操作。二是借助不同类型的数据库及工艺规则、分析方法库等对时序数据、业务数据及非机构数据进行高效存储、管理与分析。三是构建面向不同主题的应用，基于数据分析结果优化现实业务场景。

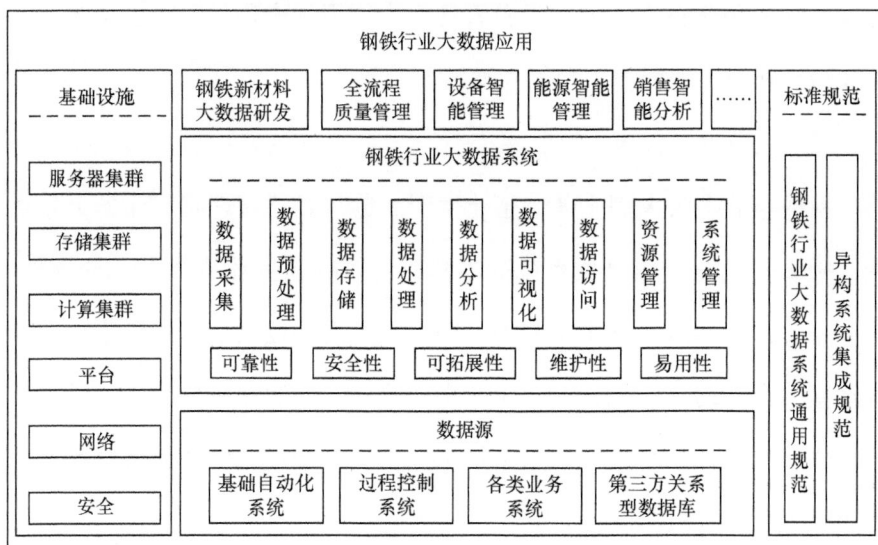

图 8-5　钢铁行业大数据应用架构

钢铁行业工业大数据应用经过一段时间的发展，已初步形成典型的应用主题与场景，**一方面应用于钢铁企业生产制造环节**，如在质量管理业务领域的全生命周期管理，借助大数据技术开展钢板等产品在热轧、冷轧等不同工序间数据的时空匹配与关联，通过前后工序质量影响因素的精准映射实现质量问题的精准定位与原因分析。又如在钢铁企业能源管理方面，基于大数据分平台广泛汇聚各工序产线不同类型能源介质消耗情况，借助预测模型判断下一阶段煤气、蒸汽等能源消耗波动情况，再利用能源调度模型对能源分配进行针对性调整，从而减少煤气放散等能源非必要消耗。**另一方面应用于钢铁企业或产业级工业互联网平台服务商的经营管理领域**，如在企业经营决策的市场行业判断领域，基于大数据技术对钢铁产能、社会库存等数据进行深度挖掘，预测中短期钢铁产品价格趋势、下游市场产品需求，为钢铁生产企业及产业链相关企业调整经营策略提供数据支撑。

（4）基于数字孪生平台的三维数字化钢厂

钢铁企业生产管控业务复杂，需要对各工序产线、车间中的实时运行状态与技术经济指标进行监控、统计与分析。传统的对于车间信息的管控主要通过各类信息化系统的指标统计分析功能进行实现，难以与实际产线、车间进行形象化的关联映射，对便捷快速的设备监测运维、工艺控制优化造成了一定阻碍。

当前，随着大数据平台、工厂三维建模等技术不断发展与应用，越来越多的钢铁企业开展数字孪生生产线的建设部署，将产线三维模型与大数据平台等进行有机融合，通过三维生产模拟对工序相关数据进行推送，图 8-6 所示为宝钢湛江钢铁有限公司 1550 彩涂机组数字孪生工厂。数字孪生生产线的实施部署，一方面需构建产线、车间的三维模型，对于新建工厂，可通过数字化设计与交付的方式进行模型构建，基于数字化设计软件平台，经过基础设计、详细设计和仿真分析等过程构建高炉等关键设备、工厂结构框架平台及能源介质等各类管网的三维模型，并通过交付平台将形成关联关系的工艺流程、三维模型和相关各类工程文档交付钢厂运营方；对于存量工厂可通过无人机航拍、激光扫描等方式进行产线逆向建模。另一方面需构建工厂运营阶段的各类数字化管控系统，并通过数字编码映射的方式将生产管理、设备运行、能源消耗、物流运输等各类工厂静态、动态数据与三维模型精准关联，真正构建虚拟与现实实时交互的钢铁企业数字孪生生产线。

图 8-6 彩涂机组数字孪生工厂

当前数字孪生平台在钢铁行业的应用主要体现在 3 个方面，**一是用于工厂展示参观**，通过搭建与现实工厂几乎一致的模型，结合 AR/VR（增强现实 / 虚拟现实）等相关技术，更加方便、安全地让相关人员迅速了解典型车间的形态布局、设备操作及安全逃生等相关信息，实现低成本安全与设备操作。**二是用于设备、产线状态检测**，数字孪生模型集成关键设备监测和管网运行数据，管理人员可在远程对关键设备运行状态进行实时的监控，实现安全风险的快速预警和精准定位，在减轻现场巡检工作压力的同时实现更加精细、全面的状态管理。**三是用于生产过程模**

拟与管控优化，数字孪生生产线集成工艺生产状态数据，实际产线数据信息及控制动作与虚拟产线保持一致，虚拟产线搭载的各类工况预测及工艺控制模型结合现场数据实现对现场工况的预测、预警与管控、操作优化。未来，随着更加多维精准的建模技术发展，以及多类型数据与模型的深度融合，数字孪生钢厂必定将向更加全局、动态、精准、智能的方向迈进，通过对钢铁生产复杂工艺流程的多学科、多尺度建模与全方位虚实精准映射，推动"黑箱"工艺向更加透明、可控发展。

（5）集控中心建设部署

钢铁工业是典型的流程型行业，其生产制造是将铁矿石等基础原料经过一系列物理、化学变化转变为钢铁产品的连续过程，上一道工序的产出物直接作为下一道工序的加工对象，工序之间需紧密配合。过去钢铁企业对于不同工序的生产管控主要依托散布在各工序车间的操控中心开展，基于操控中心与现场工作人员协同，对各工序产线的工艺状态、设备运行情况进行监测，对生产过程进行规划调度，对具体工艺设备进行操作与控制。但受限于技术等原因，传统的工序操控方式难以实现全局信息数据的广泛采集，不同工序环节之间信息难以互通，导致各道工序之间的协同程度较低，物质与能源的利用效率有待进一步提升，跨工序衔接不畅造成的物质状态变化也将对产品的最终质量造成影响。

当前随着技术不断发展进步，越来越多的新型传感器与工业机器人被应用于生产现场，可以对高温、高压等极端工况下的信息数据进行全方位的采集。5G 等新型通信技术的应用使得生产现场的数据传输与操作指令的下达更加便利、高效、敏捷。新型的平台技术突破传统自动化控制软件较为封闭专用的运行方式，可以实现对广泛数据的汇聚与深度分析计算。基于上述条件，中国宝武钢铁集团有限公司、鞍山钢铁集团有限公司等各大钢铁企业纷纷开展集中操控中心的建设，通过使用新型的数据采集与控制执行、新型网络传输及新型数据分析等相关技术整合跨环节、跨工序的数据信息，将原来分散的操作室进行物理集中，通过中心大屏进行信息展示，实现多环节、多工序的作业计划、生产指令及制造规范的协同管理，通过面向产品质量、能源消耗、物料管理的关联性分析与动态判定，持续优化各类模型与参数，提升工序管理水平。

当前的集控中心建设按照控制的工序环节可基本分为三类，**第一类集控中心**主要对同一区域内连续或相关工艺生产环节进行集中管控，如广东省韶关钢铁集团有限公司的铁区集控中心主要对炼焦、烧结、高炉等铁前生产关联工序进行管理，基于集控中心实现对各工序的生产组织关系进行梳理与优化，又如鞍山钢铁集团有限公司鲅鱼圈分公司建设能源集控中心（见图 8-7）主要是对区域内燃气、制氧、发电、供电、给水等 37 个站、所、室进行远程集中操控。**第二类集控中心**主要对相同工序环节进行集中化的管控，提升相同工序的标准化程度，如中国宝武钢铁集团有限公司建设高炉智联中心，开展对集团下辖各基地近 40 座高炉的集中监控与诊断分析，提升各生产基地高炉炼铁环节的标准化程度。**第三类集控中心**致力于实现更广范围的全工序集中操控，如武汉钢铁集团鄂城钢铁有限责任公司 2019 年上线操业集控中心，将 114 个操作室集中为 1 个，实现了钢铁工序全流程远程集控。

（6）一体化运营平台建设

近年来，我国钢铁行业产业布局不断优化，推进供给侧结构改革，进一步提升行业集中度成为行业当前及未来主要发展趋势之一，《"十四五"原材料工业发展规划》明确提出了"支持企业加快跨区域、跨所有制兼并重组，提高产业集中度，开展国际化经营。在石化化工、钢铁、有色金属、建材等行业，培育一批具有生态主导力和核心竞争力的产业链领航企业"。在此背景下，众多钢铁企业加快合并步伐，形成了同一集团公司在不同地理区域拥有众多分公司、子公司及生产基地的局面。

图 8-7　鞍山钢铁集团有限公司的能源集控中心

为提升各分公司、子公司及生产基地间的整合程度，提高企业内部业务标准化水平及生产、经营相关资源利用率，实现精细化的组织管理，大型钢铁企业需开展一体化运营平台建设，通过重新梳理不同公司、生产基地的业务流程、产品产线，根据企业自身实际情况规划企业级经营管理平台功能体系，将采购、销售、财务、经营决策等涉及经营管理宏观核心关键业务领域的功能在集团总部集中部署，将中微观生产计划管理等相关业务在各生产基地进行部署。通过一体化经营平台的部署，实现各基地之间的产线优化重组，将统一接到的客户订单进行面向制造基地的拆分分配并转化为生产计划，实现多基地的协同化生产，同时对订单进程开展精准的监控跟踪。

2. 现有设备、系统处置方式

在企业开展工业互联网建设和部署新型智能设备、平台等的同时，还需考虑与企业不同时期、由不同供应商建立的自动化系统与信息系统进行集成互通，因此对于新平台，需建设灵活可配置的接口定义，可以根据不同系统的接口要求，对接口进行字段定义，同时进一步支持企业后续新建系统的接口拓展。

而对于企业存量的信息化系统，在综合考虑企业长远发展规划，同时保留自身信息化资源的基础上，针对不同使用年限的自动化、信息化系统，采取不同的处置方式，如表 8-2 所示。对于使用年限较长、功能性能落后而无法满足企业业务发展需求的系统，需进行整体改造或直接部署基于新型架构的信息化平台予以替代。对于使用年限适中、功能性能仍可以满足企业业务需求的信息系统，应按照新建平台规划蓝图确定功能分担，在原有系统基础上对功能进行升级完善或更改替换，经过适应性改造后与平台进行对接互通。对于使用年限较短、功能性能及部署架构满足当前数字化建设需求的信息系统，可维持不变，与新建平台进行集成。

表 8-2　不同使用年限自动化、信息化系统处置方式

使用年限自动化、信息化系统	处置方式
使用年限较长、功能性能落后、无法满足企业业务发展需求	替换
使用年限适中、功能性能仍可以满足企业业务需求的信息系统	适应性改造
使用年限较短、功能性能及部署架构满足当前数字化建设需求	保留

8.3　实施流程

　　钢铁行业和工业互联网融合应用同样遵循传统项目实施流程，需要通过现状评估、战略规划、组织准备等八步来推进。同时考虑工业互联网实施涉及人、机、物、系统等的跨工序、跨企业、跨区域的连接，面临技术融合和业务融合的多重复杂性，钢铁企业在推进工业互联网融合应用时需要更加全面的诊断评估，更好地进行蓝图规划，选择适合的实施路径，建立更加强有力的组织保障，并在自身能力的基础上，更多地联合相关研究院所、解决方案供应商，共同推进实施。其具体实施流程如图 8-8 所示。

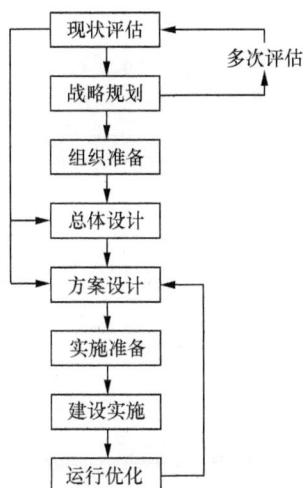

图 8-8　钢铁行业与工业互联网融合应用实施流程

1. 现状评估

　　结合工业互联网应用成熟度评估方法，对钢铁企业研发、生产、管理、销售、服务等业务数字化水平，以及自动化、信息化系统建设部署情况等进行全面评估，摸清基础能力和痛点问题，为总体规划和建设实施提供指导。具体来说，一是业务诊断，全面梳理企业业务流程，找出业务痛点，明确未来发展定位和目标；二是工业互联网功能需求分析，结合当前工业互联网技术发展情况，明确工业互联网在支撑转型时应具备的网络、标识、平台和安全功能；三是数字化现状评估，对企业自动化、信息化系统建设情况进行全面评估，摸清现有能力，找出差距；四是开展自主定级，参照工业互联网企业网络安全分类分级防护相关标准，落实与自身等级相适应的安全防护措施。

2. 战略规划

面对钢铁行业高端化、绿色化、智能化和安全化的发展趋势，结合钢铁企业发展愿景、目标和市场定位，基于企业现有核心竞争能力、业务特点和痛点，明确融合应用方向，细化融合应用目标，设计融合应用路径，全面规划企业融合应用架构。具体来说，一是战略研判，基于企业现状分析，明确企业融合应用需求和愿景；二是建设目标策划，根据企业不同场景的需求，以及生产指标、管理指标等情况，设定项目建设目标；三是蓝图规划，基于需求、愿景、目标等，设计融合应用路径，明确融合应用总体架构。

3. 组织准备

为推动战略规划落地，钢铁企业根据应用需求，策划匹配的企业组织架构并进行动态调整；规划建设所需的资金预算和筹措渠道；变革和创新业务模式和流程，建立健全相关规章制度，支撑后续具体规划和建设任务开展。具体措施包括制定项目建设配套规章制度，设立包括企业中高层在内的项目领导推进小组，成立专家咨询委员会，制定项目年度资金预算与投资计划，对战略规划中涉及的新业务和新组织进行建设和调整等。

4.　总体设计

结合战略规划，面向钢铁企业全业务流程，钢铁企业联合规划设计院、总集成商等开展融合应用总体设计，制定建设蓝图，构建完整的业务、技术、数据、应用、网络、标准及管理等架构，明确网络设施建设、标识解析体系建设、平台建设、安全防护体系建设等方面的重点，并根据需求迫切程度、技术基础和资金情况等，规划项目建设先后顺序、建设目标和阶段建设内容，指导项目建设实施。

5.　方案设计

按照总体设计要求，钢铁企业联合相应的系统解决方案供应商，针对各个具体应用板块设计详细的建设方案，包括底层自动化改造方案、标识解析体系建设方案、网络设计改造方案、工业互联网平台及安全防护体系建设方案等，每个方案包括面对具体应用场景所采用的技术、装备、软件等详细的解决方案、投资详细概算、人员安排、进度安排等，指导具体实施建设。

6. 实施准备

按照"成熟一个启动一个"的原则，在完成方案设计和论证后，根据具体项目建设需要，在资金、物料、人员、制度等方面实施准备，包括筹措项目建设过程中所需资金、组建由钢铁企业和系统解决方案供应商组成的项目实施团队、采购项目实施所需的相关设备、建立项目管控机制、建设相关标准体系、开展工业互联网相关培训等，保证项目建设顺利开展。

7. 实施建设

根据建设方案，项目实施团队进驻现场，分阶段开展项目建设，包括但不限于以下几个方面。

一是底层设备自动化的改造和新型网络设施改造升级，包含升级完善 MES、ERP 等信息化系统；升级现有的高炉、转炉、扎线等设备或部署新型智能装备，增强泛在感知能力；开展企业内外网改造，提升数据传输能力；完善各工序工艺模型，提升过程控制智能化程度。

二是标识解析体系构建，包括项目所涉及的物理实体和虚拟实体标识码建立、标识解析中间件部署、企业标识解析节点建设等，并基于标识解析体系，推动基础数据清理、数据挖掘分析、数据库和模型库创建。

三是工业互联网平台部署、开发和测试，包括平台部署，其主要包含网络、服务器、存储资源等硬件部署和操作系统等软件部署两部分；功能配置，对数据采集点、平台侧业务菜单、用户角色权限等进行细化配置和调试；二次开发，结合钢铁企业实际业务需要，对原有 SaaS 应用进行定制化开发，对于新增的非通用性业务，基于平台进行全新的开发和部署；功能测试，开展黑盒、白盒和 UAT（用户接受度测试），并根据测试情况进行修正与完善，保证建设内容达到总体设计和方案设计的预期效果。

四是安全防护体系建设，包括从设备安全、控制安全、网络安全、应用安全、数据安全、安全管理等方面构建安全防护体系，定期开展安全风险监测评估，保证设备运行安全可靠、网络传输安全可信、数据全生命周期流动安全与合规使用。

8. 运行优化

工业互联网项目建设完成后，应组织开展运营服务培训，形成相关标准，进行试点应用和分步推广，并根据运行情况进行迭代优化，适时组织开展工业互联网应用成效评估。后期根据评估情况、实际需要和技术发展情况，开启新一轮钢铁行业＋工业互联网融合应用规划，不断提升融合应用水平。

8.4 要素保障

1. 组织保障

考虑到工业互联网跨领域、跨行业特点，为保证融合应用顺利推进，企业应组建工业互联网专家咨询委员会，将其作为推进工业互联网建设的战略性、全局性、专业性决策咨询方；组建由企业一把手或分管领导挂帅的项目领导小组来统筹各方资源；组建由信息化或数字化部门负责人挂帅的项目建设小组来负责具体项目组织实施。

2. 制度保障

钢铁企业应建立工业互联网融合应用责任机制、持续改进机制和应用评价机制，制定高效、合理、可行的管理与建设应用效果的考核指标体系。通过加强对企业项目组和各单位工业互联网建设与实施情况和效果的评估考核，发挥考核导向作用，充分调动各级领导和全体员工的积极性和创造性，从制度上保障工业互联网融合应用有效落实。

3. 资金保障

企业需要根据自身应用需求，结合资金投入能力，合理设置建设目标，建立分阶段、分批次的资金投入计划和资金投入保障措施。通过争取国家项目、企业自筹、社会资本入股等多种融资渠道，确保资金投入到位，项目良性运转。

4. 人才保障

钢铁企业在推进工业互联网应用过程中，应建立健全工业互联网相关复合型人才引进、培养、使用、激励等机制，引进和培养一批懂管理、懂制造和懂信息技术的复合型、实用型和现代化的高级管理人才、科技领军人才和专业技能人才，从各方面对相关人才予以倾斜照顾，确保人才引得进、留得住、用得好。

5．文化保障

针对工业互联网融合应用对钢铁企业现有业务体系存在一定的颠覆、对员工认知理念带来一定的冲击等情况，钢铁企业应与工业互联网相关研究院所加强合作，通过开展员工培训学习、印发优秀应用案例、应用经验交流、知识竞答比赛等一系列活动，建立工业互联网创新应用文化，加速工业互联网在钢铁行业的推广应用。

第 9 章

典型案例分享

Chapter 9

9.1 钢铁新材料开发——鞍山钢铁集团有限公司

1. 案例综述

鞍山钢铁集团有限公司研究设计了钢铁冶金大数据研发平台，平台致力于实现海量、多源、异构、实时产生的钢铁开发数据集成统一的管理、分析与应用，为新产品研发、工艺改造及企业经营决策提供数据支撑，大大降低了新产品的研发成本、缩短研发周期，提升了研发效率。

2. 行业挑战

我国经济社会不断进步与发展，建筑、交通、航天等行业迈向新的发展阶段，它们对于钢铁材料的性能要求逐渐升高，工业和信息化部印发的《重点新材料首批次应用示范指导目录（2021年版）》对重点行业领域使用材料性能提出了指标要求，而传统长周期的钢铁研发模式导致新材料发展严重受阻。

国内部分企业探索尝试建设冶金研发信息化平台，平台基于仿真模拟技术助力产品开发，但钢铁材料研发数据来源众多、数据结构多样，不同模拟仿真软件质检数据关联性弱，在理论计算、实验测试等各信息化平台间存在数据孤岛，钢铁设计在时间与空间尺度上的关系连贯性不强，材料全生命周期研发数据的汇聚与深度挖掘难以实现。

3. 解决方案

基于上述情况，鞍山钢铁集团有限公司研究设计了钢铁冶金研发大数据平台。平台主要包含管理分析应用服务系统、集成计算平台系统、机器学习平台系统三大系统。管理分析应用服务系统的功能一是实现标准化、规范化的研发数据集成管理，提升数据质量，为系统间的数据流通建设坚实基础；二是实现海量、多源、异构数据的快速融合与可视化；三是实现行业资讯、竞品信息、行业标准等数据的自动抓取汇聚，以及科技报告、行业专利、专业图书等信息的检索分析。集成计算平台系统主要用于开展多计算软件的贯通集成，实现相场模拟、性能模拟、有限元仿真等协同联动的多尺度、高通量材料计算，同时以项目方式实现多成员的协同计算。机器学习平台主要用于研发相关的各类数据，然后建立包含材料成分设计、性能、工艺等完整链条的材料数据仓库，结合机器学习及数据挖掘算法，利用计算中心强大的计算能力，构建钢材性能预测模型、组织识别模型、工艺设计模型等研发型相关基础模型，并持续训练迭代，用于钢铁新材料智能优化设计、产品服役行为预测、微观组织图谱分析等。

钢铁冶金大数据研发平台的应用，可显著加快材料研发效率，降低材料研发成本。

9.2 钢铁工厂数字化工程交付——中国宝武钢铁集团有限公司

1. 案例综述

为推动连铸工程的转型升级，实现钢铁企业全生命周期的信息流通，中国宝武钢铁集团有限公司研究设计了钢铁数字化交付平台，平台以数据模型管理为中心，通过整合文档数据与构建交付标准，实现连铸交付信息的高度集成与一体化。

2. 行业挑战

传统钢铁企业连铸等工程交付模式多依托于蓝图和文档，一方面不同专业、不同类型文档之间难以关联整合，不利于工程信息的查阅与读取。另一方面各类纸质文档图纸难以与工程后期运营信息化系统协同互通，钢厂数字化运营的数据基础难以构建，因此基于数字化交付系统的工程移交已成为钢铁工程设计发展的必然。

3. 解决方案

基于上述情况，中国宝武钢铁集团有限公司以数字化交付平台为基础建立了完整的工程数字化交付流程，该平台功能架构如图 9-1 所示。一是制定统一的交付标准，对工厂结构分解、工厂对象编码、交付物规定及交付方案等内容进行规范。二是在设计阶段开展交付文档的信息整合，在统一设计平台导入管道、设备、结构等专业的设计模型与文档，并进行设计模型的质量检查与校核。三是基于平台的设计模型文档数字化交付，平台可实现各类型工程数据的关联匹配，为后期工程材料采购、施工及工厂运营提供全面、详细、便于浏览查询的数据支撑。

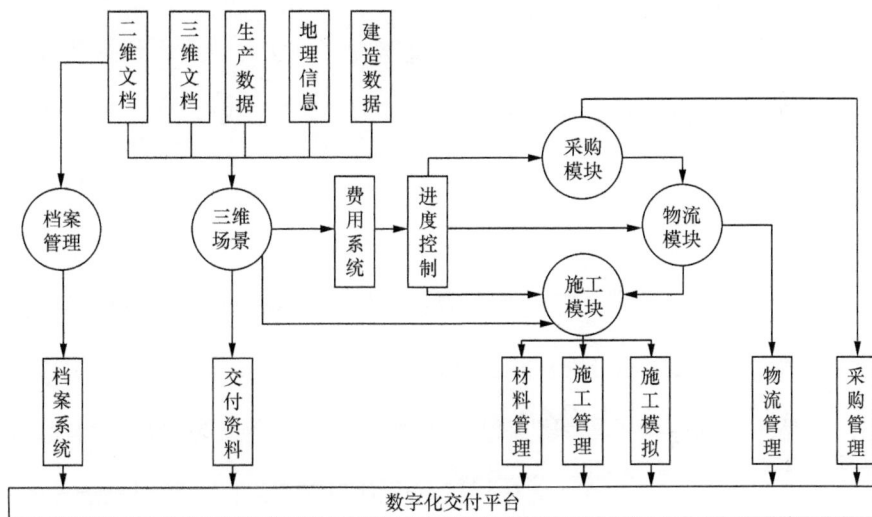

图 9-1　数字化交付平台功能架构

中国宝武钢铁集团有限公司应用连铸数字化交付平台，实现了工程与生产的数字化对接。对工程公司而言，平台提升了连铸工程交付速率与智能化水平，加速了工程公司"解决方案提供商"的角色转变；对生产企业而言，平台建立的数字资产与知识库，提升了企业内部数据调用速率，为企业数字化管理奠定体系基础。此外，平台为连铸生产线的价值拓展提供应用场景，如工程健康管理、设备运营状态监测等。

9.3 基于机器视觉的废钢智能判定——山东钢铁集团有限公司

1. 案例综述

山东钢铁集团有限公司开发了废钢智能判级系统，基于机器视觉技术构建了废钢智能判级平台，实现了整车废钢的实时、全天候智能分级和成本评估报告的自动生成，企业废钢判级效率大幅提升。

2. 行业挑战

钢铁行业节能减排任务越来越艰巨，法律法规要求越来越严格，废钢在钢铁冶炼中的作用日益凸显。传统废钢判级主要依赖人员近距离目测、卡尺测试等原始手段识别料型和杂物，精准度受人为因素影响较大，判级结果的准确性和实时性无法保证。同时废钢判级作业环境复杂恶劣，对作业人员安全构成威胁。

3. 解决方案

基于上述情况，山东钢铁集团有限公司设计了废钢智能判级系统，系统主要由高清摄像机、司机交互终端、高性能服务器及外部支撑系统构成，其具体判级流程如图 9-2 所示。

系统利用枪球一体机对废钢卸车过程实时拍照、逐层采样，全方位采集卸料车斗内废钢图片，结合建立的卷积神经网络废钢识别模型，精准识别废钢料型、杂质等信息，实现对废钢的单层及整车判级，并在大屏实时显示判级结果。司机在自助交互终端确认结果后，系统启动卸料流程，并自动上传车辆、人员及废钢重量、类型、判级等信息，与计量系统实时交互，实现全物流信息跟踪，与废钢系统需求信息精准对接，指导废钢库管人员匹配生产。

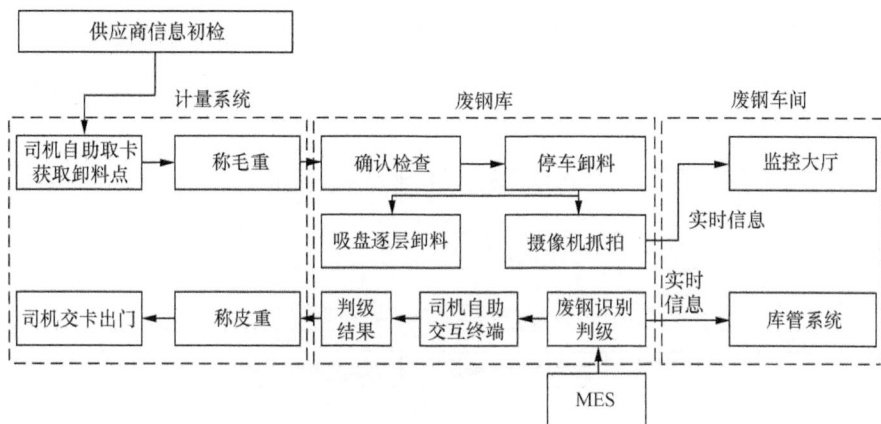

图 9-2 废钢智能判级系统判级流程

废钢智能判级系统的应用，大幅提升了企业废钢判级作业的智能化应用水平，带来了显著的效益提升，一是改善了作业环境，减少人工废钢检查带来的安全隐患。二是提升了判级精度，系统上线以来，废钢判级准确率达 95% 以上，扣重准确率达 90% 以上。三是提高了企业效益，减少了商贩非法获利的行为，保护了企业及废钢供应商利益。

9.4 铁区一体化系统应用——中国宝武钢铁集团有限公司

1. 案例综述

中冶赛迪重庆信息技术有限公司为宝钢集团广东韶关钢铁有限公司打造智慧中心项目，建设了铁区一体化智能管控平台，其架构如图 9-3 所示。平台通过数据的基础采集、融合计算与智能应用，实现了铁区多工序的数据融合，解决了传统铁区系统信息孤岛问题，提高了炼铁生产的稳定性和效率。

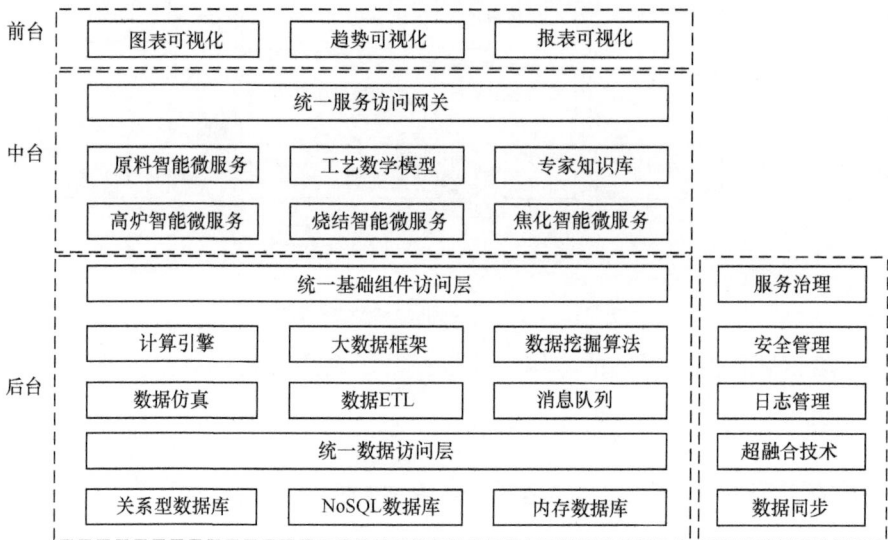

图 9-3　铁区一体化智能管控平台架构

2. 行业挑战

传统炼铁领域应用的系统模型，多聚焦于单一工序，未能覆盖铁区全部工序与子系统，同时在算法创新及应用方面的研究深度不够，导致钢铁企业存在工序协同性差、生产效率低、生产模式老化等问题。

3. 解决方案

基于上述情况，中冶赛迪重庆信息技术有限公司打造了以高炉稳定高效运行为中心的铁区一体化智能管控平台，在数据采集方面，通过利用工业互联网中间件对原料场、烧结、高炉、检化验、能源中心等铁区主要工序控制系统、信息系统的海量异构数据（设备运行数据、物料状态数据、能源消耗数据等）进行采集与转化。在数据处理、存储与分析方面，平台对各工序流程数据及外部系统数据进行清洗与关联，形成面向主题的跨工序数据仓库，同时平台还提供对各类数据进行分析的机器学习库，包含各类通用算法与工具。在数据应用方面，平台基于数据分析提供高炉生产工艺状态诊断、高炉设备健康状态诊断及炼铁工艺参数优化等智能化服务。

铁区一体化智能管控平台的应用，解决了传统铁区系统信息联通性差、业务功能割裂的难题，实现宝钢集团广东韶关钢铁有限公司铁区生产全部工序的大规模、远距离集控，促进钢铁企业融合管理与集约化转型，平台投入使用后，原有的 42 个中控室合并为一个集控中心，取消 6 个分厂，精简操作岗位 40%，通过集中管控实现 2018 年年增产 3%，年经济效益超 3 亿元。

9.5 无人铁水运输——中国宝武钢铁集团有限公司

1. 案例综述

宝钢湛江钢铁有限公司应用智慧铁水运输系统，以无人机车为核心，结合机器视觉、自动驾驶等技术，实现了铁钢工序生产—运输的智能衔接，提高了钢铁企业铁水调动效率，减少了人工操作环节，提升了生产安全性。

2. 行业挑战

钢铁企业内部的生产运输具有规模大、频率高的特点，传统钢铁企业通过人工操作铁路运输开展厂内物流运输，生产运输效率低且难以保障生产安全，此外，传统工艺铁路运输模式对生产运输全过程的数据采集与处理能力较差，无法实现钢铁企业生产运输的精准管控。

3. 解决方案

基于上述情况，宝钢湛江钢铁有限公司部署建设智慧铁水运输系统，系统主要由计算机联锁系统、智能铁水调度系统、机车无人驾驶系统、脱轨检测系统、环境感知系统等组成。

如图 9-4 所示，智能铁水调度模块可接收出铁、出钢等生产计划信息，结合现有厂内铁路运输资源状态，生成运输系统调度指令，指引机车根据规划路线行进。机车在接收指令后自动行驶至混铁车停放位置，实现连挂后将混铁车驱动至高炉出铁口，待受铁完毕后再驱动混铁车至炼钢工序，完成铁水运输作业。同时炼钢区域的机车也会重复上述动作将炼钢区域的空罐归位。在机车行驶途中，全程通过环境识别模型判断途中情况，在遇到突发事件时自行临时停车，保障铁水运输作业安全。

宝钢湛江钢铁有限公司的智慧铁水运输系统，一方面显著提升了铁水运输效率，大大提升了运输调度的精准程度，减轻司机劳动强度；另一方面也提升了铁钢界面的协同程度，高效的铁水流转有效减缓铁水降温和减少燃油消耗。

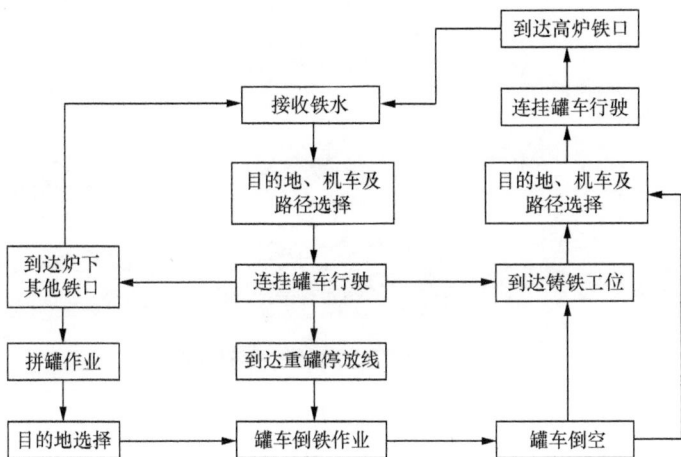

图 9-4　智慧铁水运输系统流程

9.6　全流程质量管控——鞍山钢铁集团有限公司

1. 案例综述

鞍山钢铁集团有限公司在集团统一规范的技术框架下部署建设由北京科技大学开发的全流程质量管控系统，通过打通工序产品数据之间的壁垒实现全流程的质量管控。全流程质量管控系统以工艺需求为导向、以数据平台为基础，集成 PLC、质检数据、MES 与 ERP 等信息系统数据，通过部署质量设计、过程判定、数据追溯等功能，集成机器学习算法，实现钢铁生产流程一贯制管理，其具体架构如图 9-5 所示。

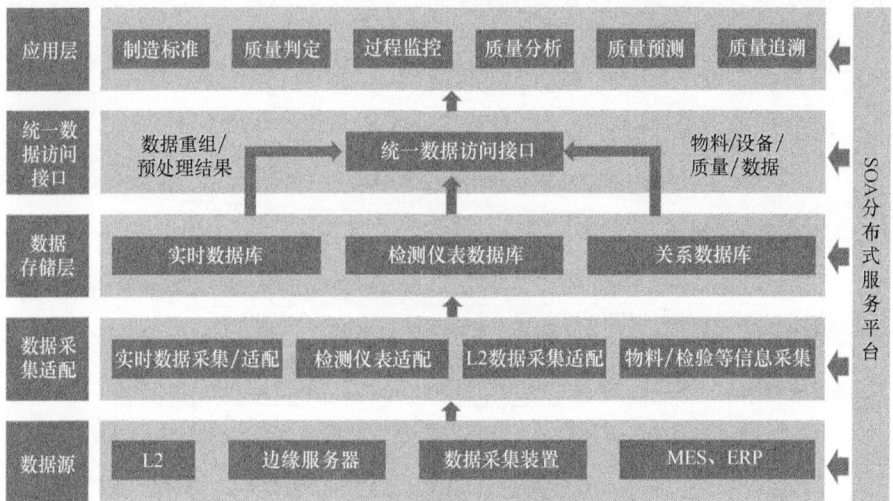

图 9-5　全流程质量管控系统架构

2. 行业挑战

传统质量相关数据分散在不同维度的信息系统中，获取数据难度大，整合数据费时费力，难以准确挖掘数据价值。与质量相关的冶金规范要求分布在独立系统或指导文件中，相互之间缺少关联，质量问题主要靠事后监控。同时质量问题大多数属于多变量耦合问题，现有系统缺乏高效的质量追溯、分析与优化的手段，通过简单的阈值分析、对比分析难以发现问题根源。

3. 解决方案

全流程质量管控建设实施主要分为以下 5 个方面。一是构建覆盖多工序的工业互联网平台，完成基于多协议的全流程各类多元异构数据的采集，并对数据进行时空变换，将数据与物料精准匹配。二是构建完整的质量、工艺、关键设备数据等内容的分类数据库，实现数据的预处理、数据空间建设、数据存储等内容。三是部署 SOA（面向服务的架构）中间件平台，实现进程管理、业务管理及开发管理等一系列内容，为应用程序开发及系统运行提供便利条件。四是提供多类微服务模型，包括机器学习算法模型、规则引擎模型等，为质量管控应用层提供基础数据服务、开发环境、安全保障等。五是质量管控应用层功能建设，主要包含质量判定、过程监控、质量分析、质量预测、质量追溯等功能。

通过全流程质量管控系统的建设与应用，工艺质量相关数据整合获取效率提升 70% 以上，外部质量缺陷反馈提升 20% 以上，内部质量缺陷下降 20% 以上，关键工序降本增效 10% 以上。

9.7 基于大数据的能源精细化管理——山东莱钢永锋钢铁有限公司

1. 案例综述

山东莱钢永锋钢铁有限公司为提升能源利用效率，搭建了基于大数据的能源精细化管控平台，通过多工序数据集成与智能分析实现了电量的智能化管理与高炉煤气智能平衡调度。

高炉煤气管网智能平衡系统的技术设计思路如图 9-6 所示，其一方面建立热风炉错峰换炉节拍器，保证热风炉用气节拍的稳定；另一方面基于高炉煤气发生量预测模型和关键工序的用气波动监测模型，实现及时、精准的用气调度。高炉煤气管网系统中波动贡献度分析如图 9-7 所示。

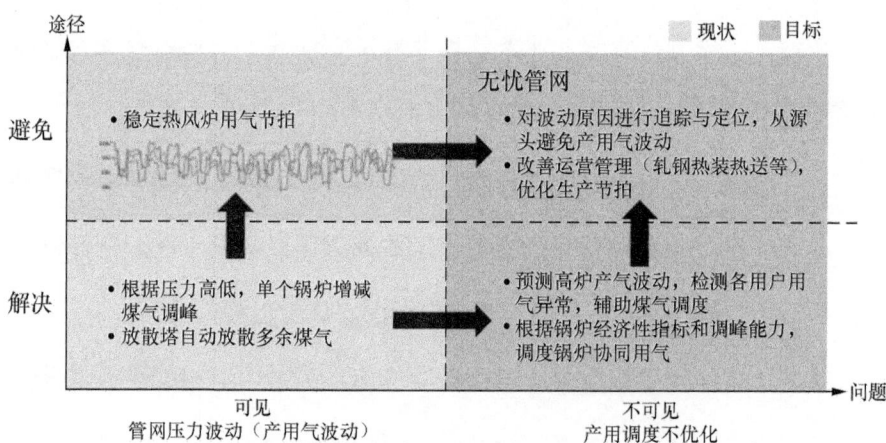

图 9-6 高炉煤气管网智能平衡系统的技术设计思路

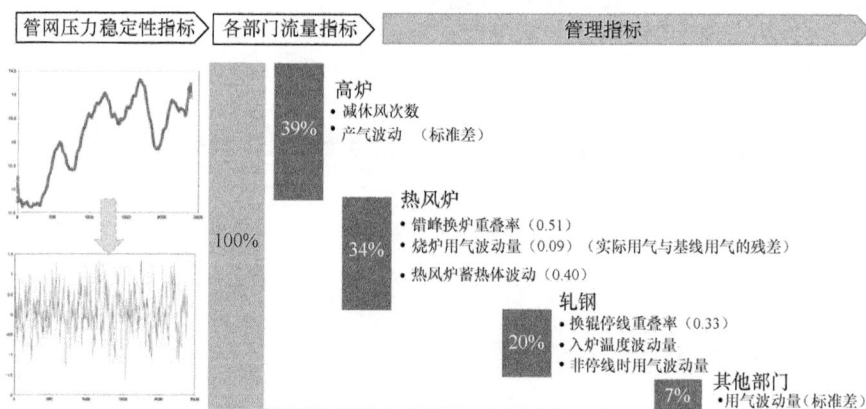

图 9-7 高炉煤气管网系统中波动贡献度分析

2. 行业挑战

　　一方面在钢厂实际的生产运行过程中，电力需量管理存在难预测、难发现、难降本、难调控等诸多痛点，目前电力调度人员往往根据经验进行调控，导致不同的调度人员所采取措施的时机和方法不尽相同，调控的及时性和有效性无法得到保障。另一方面煤气的产生和消耗往往是不同步的，带来整个管道压力的波动，如果不能保证有效的平衡，则可能导致无效放散，甚至需要外购高价煤气以保证生产的正常运行。

3. 解决方案

　　电力需量智能管理系统分别从事前预防、事中建议、事后分析 3 个维度对电力需量进行预测性智能优化，并针对电力调度、动力调度、总调度及管理层不同视角开发相应功能，从而帮助企业真正做到监控智能化、经验系统化、管理精细化。煤气管网的智能调度系统利用机器学习算法建立高炉煤气产生的预测模型，对未来 4h 煤气产生量曲线进行预测。结合对煤气产生量的预测和对煤气总管压力的持续监测，首先稳定保障关键用气工序的生产节拍，同时对异常的用气情况进行检测，最后结合管网的压力趋势预测和异常事件的影响分析，对锅炉的用气调节指令进行决策建议。

9.8 基于 5G 的设备远程控制——南京钢铁集团有限公司

1. 案例综述

5G 网络低时延、高可靠性、大容量的特点，既契合了南京钢铁集团有限公司的无线网络应用需求，同时能够弥补传统的有线网络布线困难、成本较高的不足，为数字化转型提供了坚实后盾。

钢铁行业具有工艺流程长、设备繁多、能耗高等特点，为保证生产过程的可靠性与稳定性，南京钢铁集团有限公司围绕智能化经营、精益制造、质量管理体系和信息化体系，进行 5G 网络升级改造，建设 IT+OT 全流程覆盖的智能化现代工厂，其 5G 网络建设示意如图 9-8 所示。5G 网络规划通过基站 + 室分建设，实现区域信号全覆盖；通过本地建设的 MEC 数据下沉，构建 5G+ 园区专网，实现业务数据不出园区，直接流入企业内网。通过搭建"无线信息高速公路"，实现基于 5G 环境的高

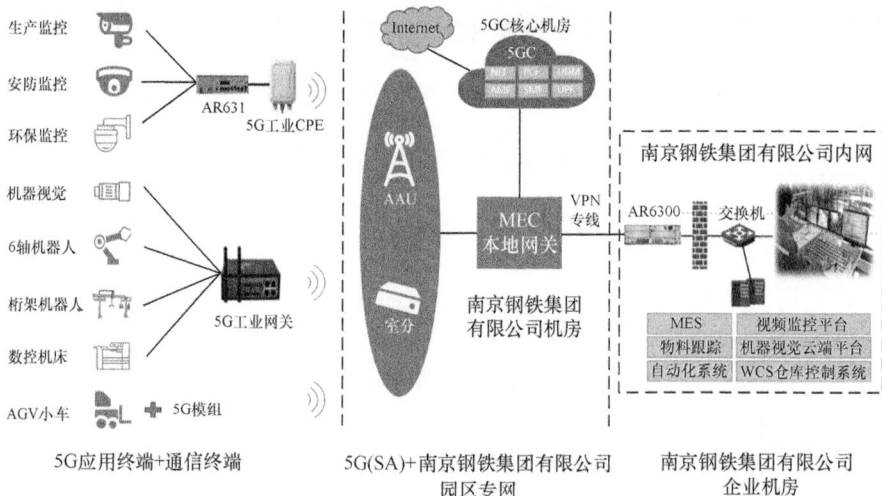

图 9-8 南京钢铁集团有限公司 5G 网络建设示意

清视频监控、机器视觉监测、远程控制、标识解析等技术升级。

2. 行业挑战

钢铁工业是大型复杂流程工业，处于制造业链条的中间环节，具有大量的数据、丰富的场景和广泛的链接。工厂存在较多环境恶劣的危险场景，技术改进时部署有线网络较为困难，且部署成本高；钢结构、高粉尘环境导致无线信号衰减严重，强电磁干扰场景多，网络覆盖难度高；Wi-Fi 网络抗干扰性和移动性差，3G、4G 网络带宽不足和时延长，难以满足工业生产的应用需求。这些痛点都是制约企业实现自动化的瓶颈。

3. 解决方案

5G+ 远程控制包含云化工业机器人、数控机床控制、多基地集中控制等多种场景。5G 网络实现了工业机器人的云端管理与控制，突破线缆的限制，实现机器人云化；南京钢铁集团有限公司 C2M 智能工厂，根据客户的个性化需求，对钢板进行切割、曲面、打孔等定制化处理，利用 5G 网络对产线中数控机床的生产信息与控制信号进行实时传输，实现现场的无人化、少人化作业；5G 技术将异地多基地生产经营数据实时传递与交互，支撑南京钢铁集团有限公司多基地远程化集中控制与生产。

项目应用后，工序间物料平均流转时间从原来的 10min 缩短到约 7min；产品交付周期由原来的 45 天缩短到 15 天。南京钢铁集团有限公司也凭借丰富的改造方案库、应用场景库和局部改造案例，在钢铁行业成为了 5G+ 工业互联网建设示范标杆。

9.9 基于大数据分析的设备智能管理——重庆钢铁集团有限责任公司

1. 案例综述

重庆钢铁集团有限责任公司在集团统一的技术框架下部署建设设备远程智能诊断系统，其以故障监测与预警需求为导向，以工业互联网平台为基础，集成传感器、采集器、网关等物联网设备单元，通过专家机理模型、数字孪生建模等功能设计，结合大数据分析技术和人工智能算法，实现钢铁生产设备的在线监测与实时诊断。

2. 行业挑战

钢铁企业主要需要电力、液压、润滑、冷却等几大支持性系统来提供运行保障，几大系统中的任何一个出现异常状态均可能造成生产设备的停机或损伤。当前企业主要依靠人工排班、定期巡检的方式进行设备日常保障服务。一方面人员投入大，而且人为判断存在很强的主观因素，容易造成漏检误判。另一方面，人为按期巡检存在一定的时效滞后性，无法及时发现和解决故障隐患。

3. 解决方案

针对上述情况，重庆钢铁集团有限责任公司建设设备远程智能诊断系统，其架构如图 9-9 所示，主要面向轧机、加热炉汽包、变压器、润滑站、液压站等重点设备开展运行维护。在数据采集方面，一是对生产现场部分仪表通过加装传感装置及数据采集设备的方式进行升级改造，具体来说包含部署于液压站、润滑站的油温传感器、压力传感器、液位传感器，用于监测变压器母排等位置温度的热成像装置，以及用于采集站房环境温湿度的专用采集器等，二是对 PLC 系统及轧机已有监测系统进行数据采集。在数据传输方面，为避免敷设大量信号电缆，主要通过 NB-IoT（窄带物联网）无线技术进行现场设备数据的信息传递。在数据处理分析方面，建设大数据平台系统开展设备数据的管理，同时通过设备故障机理模型结合数据模型的方式实现设备诊断模型的快速构建，利用大数据技术挖掘设备运行历史样本价值，支撑各类智能运维业务应用。在数据应用方面，主要开展设备的运行状态监测、设备诊断分析及设备运行台账建立等，各类数据应用可通过大屏、计算机及移动设备等终端为不同岗位的操作、管理人员提供差异化服务。目前主轧线系统已接入 22 台轧机、5 个汽包站、35 台变压器、13 个液压站、6 个润滑站系统，形成了 447 个故障诊断模型。

图 9-9　设备远程智能诊断系统架构

设备智能运维大数据平台的建设与使用，大幅提高了设备管理标准化、规范化程度，显著提升了设备管理效率与质量，预测式的管理模式有效避免了设备故障维修导致的经济损失与安全隐患。

9.10 基于人工智能视频分析的安全生产——山东某钢铁集团

1. 案例综述

山东某钢铁集团为进一步满足不断提升的安全生产需求，在相对完善的自动化和信息化基础上，基于机器视觉技术搭建安全管理平台，开展全方位立体化的智能安全管理。

2. 行业挑战

我国钢铁行业快速发展，部分企业为满足市场需求、加快拓展生产，其安全管控压力逐渐提升，与此同时有关部门为推动行业安全发展，遏制重大生产安全事故发生，也不断深入开展各类专项治理行动，进一步提升了钢铁企业的安全生产意识，完善安全保障措施。传统安防监控系统虽已相对成熟，但仍存在视频结构化利用率低、安全管控效率低、成本高等问题，亟须进一步提升改善。

3. 解决方案

为满足不断提升的安全管理需求，山东某钢铁集团基于人工智能

（AI）技术建设了智能化安全管理平台，开展智能化安全管理。AI 视频分析解决方案概览如图 9-10 所示，安全管理平台主要包含前端数据采集、边端数据处理、后端 AI 分析及管理和用户端展示与第三方平台 4 个部分。

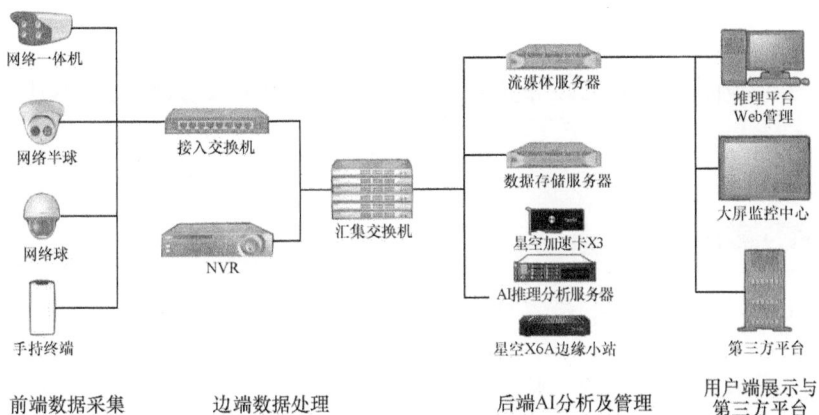

图 9-10　AI 视频分析解决方案概览

在前端数据采集部分，主要通过球形、半球形等各类摄像头对原料厂、炼铁厂、板材制造车间及动力工厂等关键区域的设备、人员、车辆及烟雾火焰等环境状态进行视频数据采集。在边端数据处理部分，主要开展对海量监控数据的辨析、抽取、清洗等数据预处理工作。在后端 AI 分析及管理部分，通过利用工业控制机、加速卡、服务器等满足不同等级算力需求的设备，结合面向安全帽识别、烟雾火焰识别、人脸识别、设备状态识别等场景的专业化算法，开展数据的深度分析，支撑人员、设备、车辆、物料、环境等涉及安全防护重要因素的风险识别、隐患排查、应急管理、联防联控等各类上层应用。在用户端展示与第三方平台部分，面向不同职责人员，通过多类型终端按需提供服务。

该集团通过智能化安全管理平台的搭建与应用实现了集中化的智能

安全管理，降低了安全管理成本，自安全管理平台上线以来有效避免了机械伤害、吊装物掉落、厂区车辆违停等多类型的安全事故与事件，工作效率提升 30% 以上，具有较强的示范价值。

9.11 钢材个性化定制应用——太原钢铁集团有限公司

1. 案例综述

太原钢铁集团有限公司通过优化物料代码、构建企业级冶金知识库、构建组批优化模型等数字化升级，有效解决了个性化需求与大规模生产之间的矛盾，实现了钢铁产品的大规模定制生产。

2. 行业挑战

当前钢铁行业竞争激烈，客户对钢铁企业的要求越来越高，趋向小批量、多品种订货。而流程型生产主要通过规模化集约生产，才能发挥设备产能，降低制造成本，提升经济效益。如何解决个性化需求与大规模生产之间的矛盾，成为企业生产运营水平提升的关键。

3. 解决方案

基于上述情况，太原钢铁集团有限公司建设了完整的产销一体化系统，其流程如图 9-11 所示，打通市场与生产之间的信息壁垒，实现了客户个性化需求的精准表达、工艺流程的精准化设计和小批量、多品种产品的规模化生产。

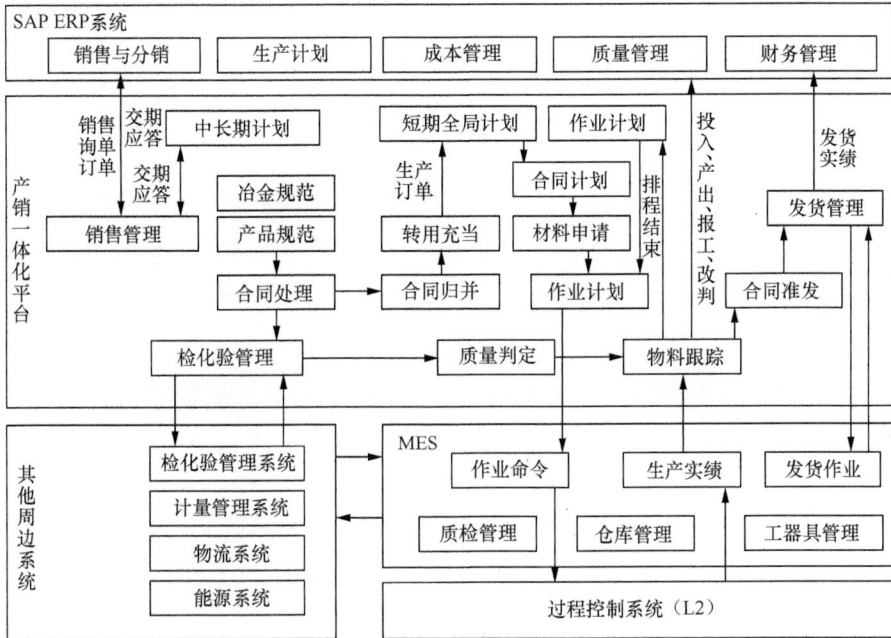

图 9-11　产销一体化系统流程

　　太原钢铁集团有限公司基于产销一体化系统进行个性化定制建设，一是对原有物料代码进行梳理，将原有物料代码分为产品规范码、最终用户码、最终用途码及 α 代码，其中 α 代码代表了用户对钢材产品的特殊性能需求，业务人员接单时通过对上述代码进行选择即可对用户需求信息进行精准收集。二是建设"冶金工艺规范库"，将产品生产工艺与交货条件进行数据化表达，在订单产生后可快速制定生产工艺。三是进行生产组批优化，基于建设的组批优化模型，将相同或类似生产订单进行归并或半程归并，并进行规模化生产，生产完成后再拆解为小订单。

　　太原钢铁集团有限公司上线产销一体化系统，成功实现钢铁产品的大规模定制生产，一是提高服务客户水平，评审周期由 7 天缩短至 2 天以内，95% 的订单可实时反馈订单交期，二是提高订单设计效率，订单设计时间缩短至秒级，设计一次性通过率达 99.6%，三是发挥机组产能，实现了产能最大化和销产的高效协同，四是降低生产成本，通过对生产过程的高效管控有效提高了物质、能源的利用效率，减少了人员投入，降低了非计划库存成本。

9.12 基于机器人的无人化生产——马鞍山钢铁股份有限公司

1. 案例综述

马鞍山钢铁股份有限公司为满足无人化高效生产，以及设备高效运维的新型需求，2022 年基于上海宝信软件股份有限公司推出的宝罗机器人即服务（RAAS），首批部署 40 个工业机器人替代人工操作岗位，业务涵盖冷床下料落垛、缓冷揭盖装出料、热贴标等，在显著提升生产效率的同时，也提高了机器人的运维效果，延长了设备使用寿命。

2. 行业挑战

钢铁生产工艺流程复杂，劳动者经常在高温、高粉尘、高污染等恶劣作业环境中工作。为解决这一问题，众多钢铁企业选择部署工业机器人替代部分人工操作岗位。但由于大范围部署机器人成本相对较高，运维保养具有一定门槛，所以限制了工业机器人的规模化应用。

3. 解决方案

机器人即服务，是一种创新的机器人应用模式，用户无须直接购买机器人，而是购买与云平台相连接的机器人特定服务，由机器人提供方通过云平台远程采集数据进行机器人的保养，实现智能化、集中化的运维保障。

为解决上述问题，马鞍山钢铁股份有限公司联合上海宝信软件股份有限公司，通过机器人即服务的模式首批部署 40 个工业机器人。其智能运维平台基本架构如图 9-12 所示，机器人与中国宝武钢铁集团有限公司的工业互联网机器人云平台相连接，进行标准、统一的平台化运营，结合不同岗位的实际情况及用户需求，提供按需定制的机器人服务。

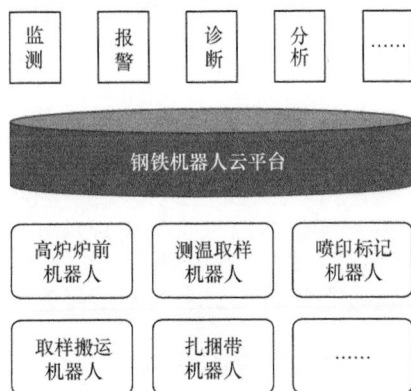

图 9-12　钢铁行业智能运维平台基本架构

机器人即服务在物流等行业已经开展商业化实践，但在钢铁行业探索尚属首次。未来随着技术的成熟与商业实践的发展，机器人即服务的模式或将进一步发展，以其低成本、高价值的特性助力工业机器人在钢铁行业的规模化应用普及。

9.13 数字化钢材——酒泉钢铁（集团）有限责任公司

1. 案例综述

酒泉钢铁（集团）有限责任公司设计了钢材线棒产品生产下线管理信息系统，通过建立钢材线棒产品二维码身份标识，将钢铁生产过程中生产订单、轧制批次、库存管理等全流程信息进行数字化表达，在虚拟世界形成数字化钢材信息库，支撑实现精准的订单生成、生产、质检和缴库等产品生产下线业务过程管理，并为后续库存管理、销售管控、物流跟踪与产品溯源建立数据基础。

2. 行业挑战

传统钢铁企业的 ERP 系统多以批次为管理单元对生产业务进行流程管理，但随着产品管理与服务水平要求的不断提升，该模式难以满足产品按件跟踪溯源的企业管控与客户服务需求，因此钢铁企业亟须构建数字化系统，应用更小的产品管理单元，实现产品生产、质量、仓储等全流程精细化管理，以及钢铁生产企业与下游用钢企业间便捷、精准的钢材信息共享。

3. 解决方案

基于上述情况，酒泉钢铁（集团）有限责任公司研究设计了钢材线棒产品生产下线管理信息系统，并与 ERP、质检、仓储物流等管理系统进行集成，其业务流程如图 9-13 所示。

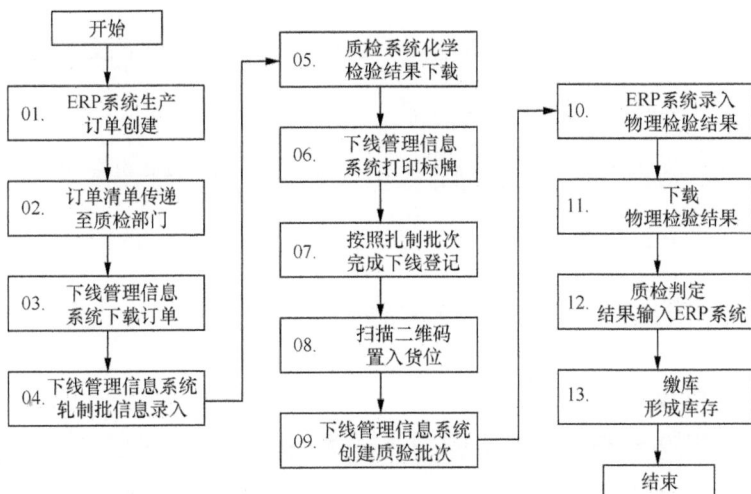

图 9-13　钢材线棒产品生产下线管理信息系统业务流程

钢材线棒产品生产下线管理信息系统包含订单管理、轧制批信息管理、打印标牌、置入货位、质量判定、缴库等功能模块。ERP 系统生成订单信息后，管理员可在生产下线管理信息系统中下载生产订单并录入轧制批信息，依据轧制批信息在质检系统中获取产品化学成分信息。产品下线时，标牌打印员通过生产下线管理信息系统自动完成标牌打印，同时下线登记员进行下线登记。产品入库阶段，库管员通过扫描二维码完成货位置入工作，而后质检员应在生产下线管理信息系统中创建质检批次并同步至 ERP 系统，待化验员在 ERP 系统中录入理化检验结果后，质检员在生产下线管理信息系统中下载检验结果，通过系统判定与人工干预，将最终质检结果回传至 ERP 系统。最后，生产下线管理信息系统完成判定结果确认和缴库，库存数据将传入仓储物流管理系统，衔接后续库存管理、产品销售等工作。通过上述流程，系统录入与存储钢材生产的全生命周期信息。

酒泉钢铁（集团）有限责任公司钢材线棒产品生产下线管理信息系统的应用，一是通过打通企业内部生产与下游客户间的数据信息，实现产品生产、销售全流程的精细管控，二是基于二维码扫描的数据录入、读取与处理方式显著节约了人力成本，三是基于二维码的产品溯源服务帮助企业提升了自身产品溯源能力与服务客户水平。

9.14　业财一体化系统应用——首钢集团有限公司

1. 案例综述

为实现集团内部信息共享，以财务数据指导业务决策，首钢集团有限公司基于钢铁生产业务体系，落实标准化核算办法，搭建了业财一体化系统平台，通过财税系统与产销系统的搭接，实现业财一体化有机集成。

2. 行业挑战

传统钢铁企业财务管理聚焦于账务核算，业务与财务流程难以打通，未能实现财务数据的深度挖掘与应用，随着行业的发展与信息化水平的提高，钢铁企业财务职能呈现向数据整合、战略辅助、企业价值提升方向发展的趋势，传统财务管理模式已无法满足企业需求。

3. 解决方案

首钢集团有限公司联合其下属子公司进行业财一体化系统的搭建，如图9-14 所示，该系统包含资金管理、税务管理、财务共享及会计核算、报表合并等子系统，满足财务账户、资金、票据等日常业务的处理需求，支持税务分析管控，同时实现业务数据与财务数据的打通融合。产销系统接到订单并发起业务后，相关数据通过接口传送至搭载数据处理中心的财务共享系统，在财务共享系统对其进行标准化处理与分类，依据业务性质推送至企业经营管理系统，自动生成记账凭证等财务信息。基于上述流程，实现财务管理与生产营销业务的紧密关联，显著提升财务核算效率与准确程度。

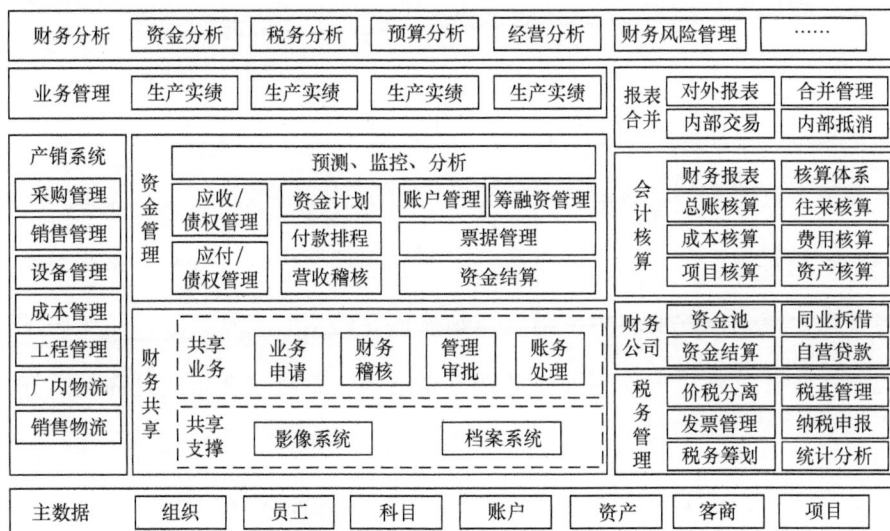

图 9-14　业财一体化系统

首钢集团有限公司业财一体化系统的应用,实现了钢铁企业的业务融合与风险管控,一是财税管理平台的升级,实现了资金流动性风险的监控,降低财税风险,二是打破了财务与业务之间的信息孤岛,通过产销系统与财务系统的搭接,推动钢铁企业内外业务集成,三是系统能够进行数据标准化与报表合并,支持生产 - 销售 - 财务数据的溯源管控,通过数据挖掘提升了企业价值。

9.15 无人化仓储应用——河钢集团有限公司

1. 案例综述

河钢集团有限公司下属的唐山钢铁集团有限责任公司通过应用无人天车与智能库管系统,建立高效的生产调度管理机制,对于提高生产效率、降低生产成本、提高经济收益与企业竞争力等具有重要的意义。

无人天车与智能库管系统基于先进传感器和无线通信技术收集行车、运输链、过跨车等设备的位置状态的实时信息,通过软件接口与工厂管理系统进行数据集成,贯通进料、上料、生产、下线、存储、发货等多环节信息流,以此实现生产信息与物流信息的实时交互。借助作业调度和路径优化算法,根据当前任务和设备状态,系统自动生成最高效、安全的作业方案,并通过多级联动控制驱动行车的自动调度运行。同时,在机器视觉等辅助技术的帮助下,行车可以实现更加精确的定位,并保持稳定性。其具体工作过程如图 9-15 所示。

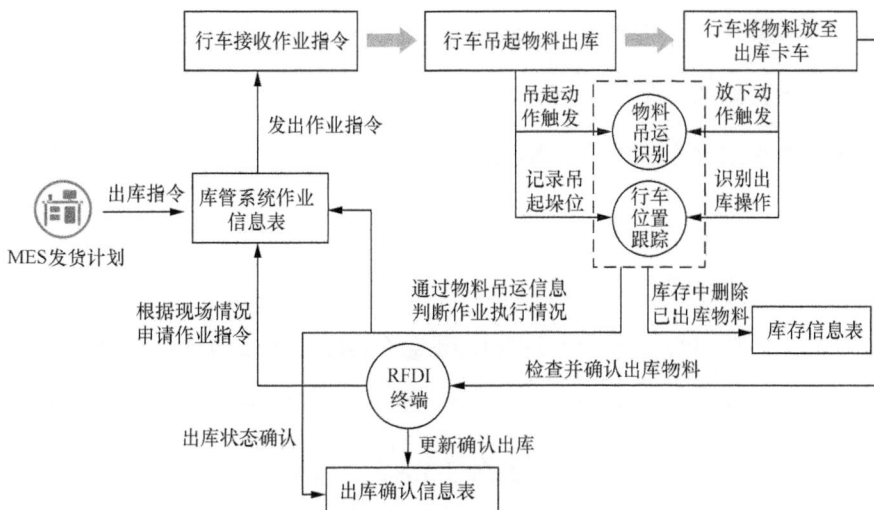

图 9-15　无人天车和智能库管系统工作过程

2. 行业挑战

　　行车调度是钢铁企业生产调度的重要组成部分，是工序间物流衔接和生产节奏控制的重要枢纽。合理有效地进行天车调度能够为生产调度的实施奠定基础，对保证生产稳定运行、提高钢铁企业系统整体效益起着至关重要的作用。此外，无人天车系统中的数据传输必须满足可靠性、稳定性及实时性的要求，由于库区设备数量较多，对多个节点组网通信的功能也提出了较高的要求。

3. 解决方案

　　无人天车与智能库管系统主要包括智能调度系统、天车管理控制系统、无人天车控制系统 3 部分，其中，通过无线通信技术将行车的实时位置和传感称重数据发送至库管系统，并接收控制系统的动作指令。通过智能调度技术，依靠板坯入库模型及连铸计划信息、板坯库库图库位信息、热轧热装计划等信息，为入库的板坯批次指定适合垛位。通过机器视觉技术实现车辆形象识别、表面质量检测等，准确识别车辆与钢卷的形状和位置，通过机器学习等算法将相关信息发送至库存管理子系统，便于行车自动装卸。

无人天车与智能库管系统应用覆盖钢卷库、棒线材库区，促进作业环境无人化率达到 99% 以上。通过该系统的实施，在信息流管理方面，生产效率全面提升，工作效率提高了 20% ～ 30%。

9.16　智能无人化料场实践应用——河钢集团有限公司

1. 案例综述

河钢集团有限公司下属的唐山钢铁集团有限责任公司新区通过部署无人堆取料机等各类装备、建设集中远程控制操作室，设计建设智能化无人料场系统，其流程如图 9-16 所示，实现料场无人化智能管理。

2. 行业挑战

原料准备作为钢铁冶炼的首道工序，是钢铁企业稳定生产的保障。传统钢铁企业采取露天人工作业的模式对原料进行处理，工作人员难以避免粉尘污染，同时人工操作也无法满足钢铁企业大批次、高稳定的生产需求，建设绿色智能新型料场成为企业发展的必然需求。

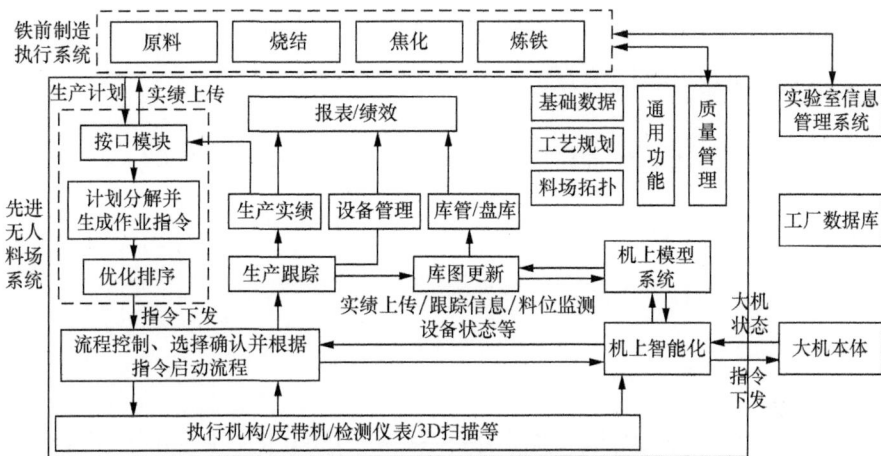

图 9-16　智能化无人料场系统流程

3. 解决方案

　　为解决上述问题，唐山钢铁集团有限责任公司综合利用多类型数字化技术，开展无人化、智能化生产作业，具体来说，一是基于 5G 网络等技术实现集中远程智能管控，使新建 5G 网络与原有局域网有机融合，获取设备状态、能源电力、来料受料等各类数据信息，结合料场综合信息管理系统，实现对料场内的存储、运输、混匀、配料等主要流程的优化管控，提升料场工作效率。二是基于数字标识技术的物料管控，利用 RFID 技术，门禁系统对铁矿石、煤粉、溶剂等进厂运输车辆进行身份识别，以及对运送物料信息进行自动采集。三是基于人工智能技术实现混匀配料，通过智能算法，按照成分配比需求，根据配料实绩不断优化配方，最终实现更加精准、均匀的智能化配料作业。四是基于数字孪生与智能装备技术建设无人数字料场，通过 2D、3D 激光扫描技术对料堆进行数字化建模，为无人堆取料机的控制优化提供数据输入，实现堆取料机的无人化全智能作业。

唐山钢铁集团有限责任公司新区智能化无人料场的落地应用，显著提升了料场的生产效率与资源利用效率，无人化作业大幅强化了料场本质安全水平，具有较强的参考示范价值。

9.17　智慧物流和供应链管理——酒泉钢铁（集团）有限责任公司

1. 案例综述

酒泉钢铁（集团）有限责任公司改变传统的物流／物料管理模式，以物流为主线对冶金物料的采购、运输、质量、成本进行全方位的分析、优化和管控。

针对全企业物料管理的工艺特点，融合先进可靠的自动化控制、信息化、互联网、物联网、优化算法等技术，建立客商网络协同平台，实现采购物流、厂内物流与客户物流的高效协同、全程跟踪和低成本运营，如图 9-17 所示，通过智慧供应平台实现了供应链上下游的集成链接。通过科学规范的计划、组织、指挥、协调、控制和监督，实现流程链上各业务环节的信息共享、信息验证与实时监控，提升物流效率、降低物流成本，实现物流／物料管理的总体优化。

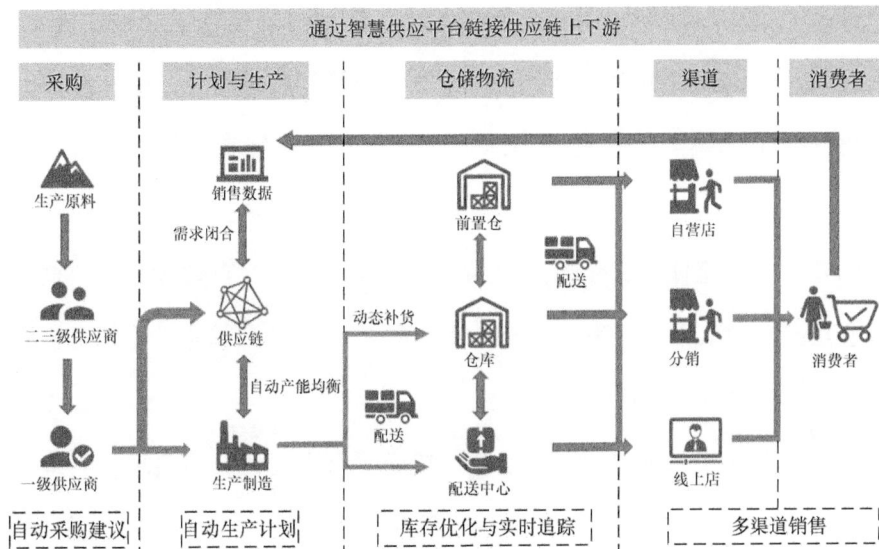

图 9-17　智慧物流和供应链管理示意

2．行业挑战

钢铁产业物流相对密集，以钢铁制造为中心，上游聚焦铁矿石、煤炭、机电等各类工业产品和服务供应商，下游涉及钢材贸易、研发、加工、仓储、金融等配套产业。从原料到生产单元到仓储物流到客户，各环节对接效率不高、计划严密性不足、路线不流畅，导致生产效率降低、生产成本升高，亟须建立高效、畅通的现代钢铁企业物流 / 物料管理系统，推动全企业物流作业端到端的数字化、智能化管控，促进实现供应链全程可视化追踪、库存管理优化、物流任务计划与路线优化等。

3．解决方案

智慧物流和供应链管理实现了全企业货运物流作业的一体化和智能

化管控、供应链网络协同、车辆跟踪及车辆到达预报、物流路线规划、运输全程防作弊管理等内容。其中，全企业货运物流作业的一体化和智能化管控针对冶金企业物流多散货的特点，构建涵盖多系统、多类人员、每车物料及其大样 / 试样的端到端数据连接，部署全企业货运物流作业基础管控、物流任务优化模型辅助决策、自动接车、自动计量、数据及作业状态自动采集、车辆离厂智能管控及 AI 辅助出厂检查、全局可视化及预报、成本分析等功能。

通过项目部署应用，酒泉钢铁（集团）有限责任公司实现了管理及作业人员减少、中间倒运次数减少、质量争议减少、检化验成本降低等，每年产生经济效益近 450 万元。

9.18　多基地一体化管理——中国宝武钢铁集团有限公司

1. 案例综述

宝钢湛江钢铁有限公司是中国宝武钢铁集团有限公司历史上第一次远离上海本部、大规模投入建设的千万吨级生产基地。为实现中国宝武钢铁集团有限公司集中一贯的管理模式，需要在集团一体化经营管控系统的基础上，结合宝钢湛江钢铁有限公司基地自身的经验与特点建设信息化系统。

2. 行业挑战

在钢铁行业产能过剩，钢铁企业兼并重组的背景下，大型企业多存在一总部多基地的经营情况。随着企业版图的扩大，管控幅度与管控难度也进一步提高，各生产基地间由于信息系统无法打通导致集团内部资源调度与配置不合理，企业运行效率难以提升，无法完全发挥企业重组带来的规模效应。

3. 解决方案

宝钢湛江钢铁有限公司的信息化系统规划、设计与建设充分吸收并借鉴了中国宝武钢铁集团有限公司信息系统建设的经验，其总体架构如图 9-18 所示，与宝山钢铁股份有限公司的相近，其中基础自动化子系统和过程控制

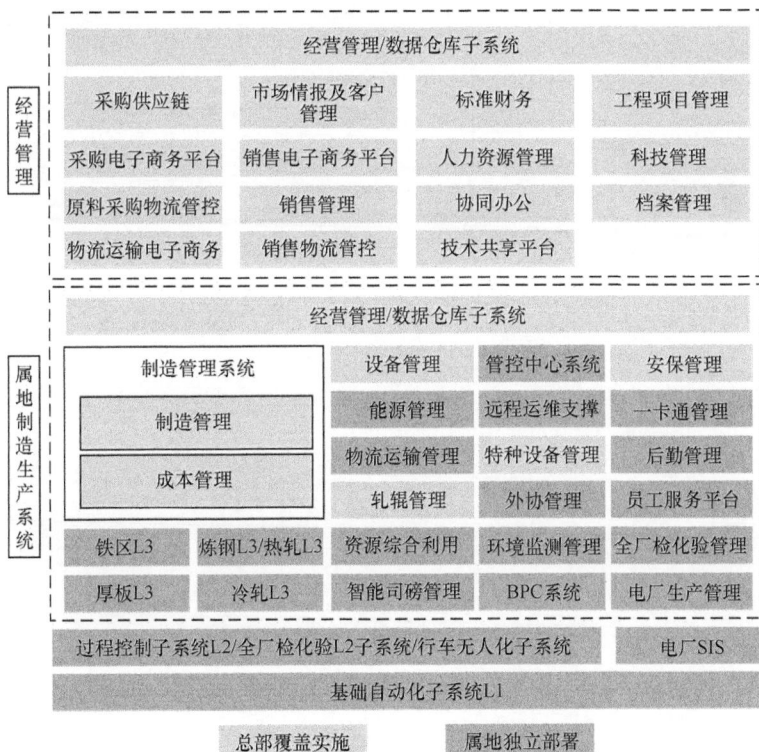

图 9-18　宝钢湛江钢铁有限公司的信息化系统总体架构

子系统随生产单元配置，在属地独立部署。经营管理子系统以宝钢股份系统为基础进行延伸，不作另建，通过"集控＋属地"的分布式信息化系统建设，实现宝钢股份对宝钢湛江钢铁有限公司项目实施全面管控的要求。

通过"集控＋属地"的分布式信息化系统的建设，实现了基地与总部间供应、制造、销售等多层面的协同与整合，构建起网络化协同制造体系。

附录 1

主要供应商名录

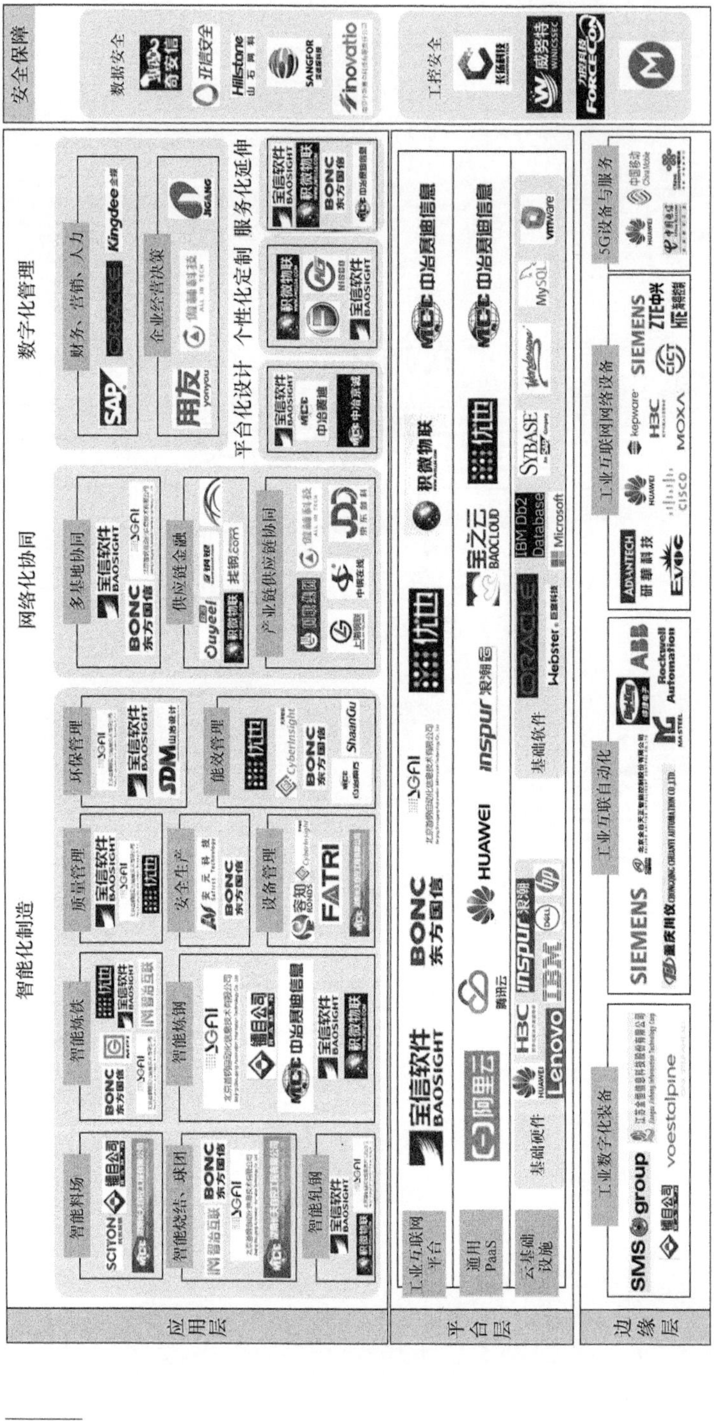

附图 1-1　主要供应商概览

钢铁行业工业互联网供应商按照边缘层、平台层、应用层、安全保障进行分类，边缘层供应商主要提供工业数字化装备、工业互联自动化、工业互联网网络设备、5G 设备与服务等数据采集、传输相关产品与服务。平台层包括提供云计算基础设施、通用 PaaS 及钢铁行业工业互联网平台的相关企业。应用层包括面向平台化设计、智能化制造、网络化协同、数字化管理、个性化定制、服务化延伸等新模式，提供细分场景解决方案的供应商，如附表 1-1 所示。安全保障方面则包括了数据安全与工业控制安全相关供应商。

附表 1-1   主要供应商概览

产品领域	细分类别	企业名称
应用层	平台化设计	工艺设计：上海宝信软件股份有限公司等； 三维工厂数字化设计与交付：中冶赛迪重庆信息技术有限公司、中冶京诚工程技术有限公司等
	智能化制造	智能料场：湖南镭目科技有限公司、湖南长天自控工程有限公司、南京科远智慧科技集团股份有限公司等
		智能烧结、球团：北京东方国信科技股份有限公司、北京智冶互联科技有限公司、北京首钢自动化信息技术有限公司、湖南长天自控工程有限公司等
		智能炼铁：北京东方国信科技股份有限公司、北京智冶互联科技有限公司、冶金工业规划研究院、上海优也信息科技有限公司、上海宝信软件股份有限公司、北京首钢自动化信息技术有限公司等
		智能炼钢：湖南镭目科技有限公司、中冶赛迪重庆信息技术有限公司、成都积微物联集团股份有限公司、上海宝信软件股份有限公司、北京首钢自动化信息技术有限公司等
		智能轧钢：上海宝信软件股份有限公司、成都积微物联集团股份有限公司、北京首钢自动化信息技术有限公司等
		质量管理：上海宝信软件股份有限公司、北京首钢自动化信息技术有限公司、上海优也信息科技有限公司等

续表

产品领域	细分类别	企业名称
应用层	智能化制造	安全生产：上海宝信软件股份有限公司、深圳鲲云信息科技有限公司、北京东方国信科技股份有限公司、北京首钢自动化信息技术有限公司、安元科技股份有限公司等
		设备管理：上海优也信息科技有限公司、朗坤智慧科技股份有限公司、北京天泽智云科技有限公司、安徽容知日新科技股份有限公司、湖南长天自控工程有限公司、西人马（厦门）科技有限公司等
		环保管理：山东省冶金设计院股份有限公司、上海宝信软件股份有限公司、北京首钢自动化信息技术有限公司等
		能效管理：上海优也信息科技有限公司、西安陕鼓动力股份有限公司、中冶南方工程技术有限公司、北京东方国信科技股份有限公司、北京天泽智云科技有限公司等
	网络化协同	多基地协同：上海宝信软件股份有限公司、北京东方国信科技股份有限公司、北京首钢自动化信息技术有限公司等
		供应链金融：上海欧冶金融信息服务股份有限公司、成都积微物联集团股份有限公司、上海找钢网信息科技股份有限公司、上海钢银电子商务股份有限公司、普洛斯等
		产业链供应链协同：京东数字科技控股股份有限公司、欧冶云商股份有限公司、成都积微物联集团股份有限公司、中钢银通电子商务股份有限公司、上海钢联电子商务股份有限公司、上海找钢网信息科技股份有限公司、北京国联视讯信息技术股份有限公司、上海钢银电子商务股份有限公司、东方钢铁电子商务有限公司、傲林科技有限公司、宝供物流企业集团有限公司等
	数字化管理	财务、营销、人力管理：SAP（思爱普）公司、甲骨文股份有限公司、金蝶国际软件集团有限公司等
		企业经营决策：用友网络科技股份有限公司、傲林科技有限公司、上海宝信软件股份有限公司等
	个性化定制	成都积微物联集团股份有限公司、江苏金恒信息科技股份有限公司、上海宝信软件股份有限公司等
	服务化延伸	成都积微物联集团股份有限公司、中冶赛迪重庆信息技术有限公司、北京东方国信科技股份有限公司等
平台层	云计算基础设施	基础硬件：浪潮集团有限公司、华为技术有限公司、联想集团、新华三集团、惠普、戴尔公司、IBM（国际商业机器公司）等

续表

产品领域	细分类别	企业名称
平台层	云计算基础设施	基础软件：Oracle、DB2、SqlServer、SyBase、Wonderware、Vmware 等
	通用 PaaS	腾讯云（腾讯公司旗下的产品）、阿里云（阿里巴巴集团旗下公司）、华为云（华为技术有限公司）、浪潮云（浪潮集团有限公司）、中冶赛迪重庆信息技术有限公司、上海优也信息科技有限公司等
	工业互联网平台	上海宝信软件股份有限公司、北京东方国信科技股份有限公司、上海优也信息科技有限公司、北京首钢自动化信息技术有限公司、成都积微物联集团股份有限公司等
边缘层	工业数字化装备	奥钢联集团、湖南镭目科技有限公司、西马克集团、江苏金恒信息科技股份有限公司等
	工业互联自动化	浙江浙大中控技术有限公司、飞马智科信息技术有限公司、北京金自天正智能控制股份有限公司、重庆川仪自动化股份有限公司、西门子股份公司、ABB 集团、罗克韦尔自动化有限公司等
	工业互联网网络设备	华为技术有限公司、中兴通讯股份有限公司、新华三集团、思科系统公司、西门子股份公司、moxa（摩莎）、中国信息通信科技集团有限公司、上海海得控制系统股份有限公司、研华股份有限公司、研祥集团、Kepware 等
	5G 设备与服务	中国移动通信集团有限公司、中国联合网络通信集团有限公司、中国电信集团有限公司、华为技术有限公司、深圳市广和通无线股份有限公司、高通公司、爱立信公司等
安全保障	数据安全	深信服科技股份有限公司、山石网科通信技术股份有限公司、奇安信科技集团股份有限公司、广州亚信安全智能科技有限公司、南京中新赛克科技有限责任公司等
	工业控制安全	长扬科技（北京）股份有限公司、北京威努特技术有限公司、北京三维力控科技有限公司、青岛海天炜业过程控制技术股份有限公司

附录 2
钢铁行业大数据分类

数据是工业互联网发挥作用的关键要素，钢铁行业中工业互联网运用的数据来源于"研产供销服"各环节，"人机料法环"各要素及现有自动化、信息化系统，因此面向钢铁行业与工业互联网融合创新发展，需对钢铁行业大数据类型、来源和接入方式进行说明，其具体分类如附表2-1所示。

附表2-1　钢铁行业大数据分类

业务环节		数据类型	数据源	接入方式
研发环节	研发类	专利、论文、软件著作、物料配方，以及对制造原理、工艺流程、工艺设备、工艺质量改进及技术标准的相关成果文件数据	企业管理系统	IT系统接口
	设计类	工程图、三维模型、设计文档数据	PDM（产品数据管理）系统、协同工程、设计软件	IT系统接口
	测试类	工艺设备、工艺软件测试数据	企业管理系统	IT系统接口
生产环节	采购供应	主要包括采购计划、合同管理、采购进度控制、招投标管理、供应商管理、采购资金管理、价格管理、到货验收、原料检验等数据及文件。以及采购过程中相关人员的各种经验、教训、最佳实践解决方法、采购技巧等文件	ERP系统、独立的采购系统	IT系统接口
	生产制造	（1）计划与排产类数据：主要包括原料库存信息、生产计划、原料辅料供应等数据及管理数据、相应的流程文件，包含生产制造过程中各种经验、教训、最佳实践、解决方法、应用技巧、使用心得等文件；（2）生产过程类数据：主要包括生产操作参数、作业规范、工况分析报告等数据和信息，以及生产过程监控、质量控制生产工艺控制要点、能源管理、车间管理等数据及文件；	MES、优化配料软件系统	IT系统接口

续表

业务环节		数据类型	数据源	接入方式
生产环节	生产制造	（3）配方管理类数据：主要包括不同产品的配方数据及配方管理流程文件，还包含生产过程中物料配方	MES、优化配料软件系统	IT系统接口
	设备管理	（1）主体设备数据：包括设备运行状态数据（温度、压力、流量、振动、电流、电压等）、设备台账、维修管理、设备使用计划、设备作业率记录数据，以及相关设备管理过程中各种经验、教训、最佳实践、解决方法、应用技巧、使用心得等文件； （2）监测类设备数据：计量设备的监测数据、监测类设备的计量标准、仪器仪表校准、台账、维保等相关文件	PLC、设备管理系统（EMS）	工业网络接口（OPC协议）
	能源管理	主要指企业用能：风、水、电、气等数据	能源管理系统	IT系统接口，工业网络接口（OPC协议）
	安全、环保管理	（1）安全类：能源动力火灾报警、全厂各类煤气、可燃气、天然气、氧气、苯气等有毒有害气体危险源监测报警类数据； （2）环保类：污水、氮氧化物、二氧化硫、烟尘等数据	能源管理系统、PLC	IT系统接口，工业网络接口（OPC协议）
运维环节	储运管理	（1）物流计划管理类：主要包括生产物流计划、原料产品的库存管理计划、供应物流计划、销售物流计算、厂区物料回收及废弃物流计划数据； （2）物流组织管理类：主要包括储运货物管理、设施管理及技术管理等数据，以及相关物流组织管理活动中相关人员的各种经验、教训、最佳实践、解决方法、营销技巧等文件； （3）物流运行监控类：主要包括物流运输管理、包装管理、货物交付管理及物流质量管理的相关文件及数据	运输管理系统（TMS）	IT系统接口

续表

业务环节		数据类型	数据源	接入方式
运维环节	售后管理	主要包括销售计划、产品订单管理、客户信息、产品质量反馈等管理数据及管理文件	ERP 系统	IT 系统接口
管理环节	供应链管理	系统设备资产信息数据、客户与产品信息、产品供应链数据、业务统计数据等	ERP 系统	IT 系统接口
	人力管理	人力资源规划类数据、招聘与配置类数据、培训与开发类数据、绩效管理类数据、薪酬福利管理数据、劳动关系管理数据	企业人力资源数据库、OA 系统、财务系统及部分的行业数据库	IT 系统接口
	财务管理	现金、其他货币资金、成本、费用、收入、固定资产、折旧、无形资产等数据	财务系统	IT 系统接口
外部连接环节		（1）国家、行业、企业相关标准及规范类：要遵循的标准和约束条件，相关规范知识指所需要的规范、条例、标准，如相关国家标准、行业标准、企业标准、规范作业等文件类数据； （2）经济运行管理类：主要包括生产指标的统计分析、对标，企业绩效考核评估及现场管理流程及相关数据； （3）企业安全保卫类：主要包括厂区生产安全教育、应急预案、安全生产规章、治安保卫制度、安全设施管理等文件	相关网站、企业内部管理系统	IT 系统接口

附录 3

缩略语解释

ERP（企业资源计划）：该系统为企业提供了一个统一的业务管理信息平台，将企业内部及企业外部供需链上所有的资源与信息进行统一的管理，这种集成能够消除企业内部由部门分割造成的各种信息隔阂与信息孤岛。

MES（制造执行系统）：旨在加强 MRP 的执行功能，将 MRP 同车间作业现场控制通过执行系统联系起来。这里的现场控制包括 PLC（可编程逻辑控制器）、数据采集器、条形码、各种计量及检测仪器、机械手等。MES 设置了必要的接口，与提供生产现场控制设施的厂商建立合作关系。

PCS（过程控制系统）：以保证生产过程的参量为被控制量，使之接近给定值或保持在给定范围内的自动控制系统。

EVI（供应商早期介入）：是指供应商早期介入产品生产的流程，以确保产品更符合用户的个性化需求。

LCA（生命周期评价）：是指管理产品从需求、规划、设计、生产、经销、运行、使用、维修保养、直到回收再利用或采用其他处置方式的全生命周期中的信息与过程。

SDN（软件定义网络）：是一种新型网络创新架构，是网络虚拟化的一种实现方式，其核心技术 OpenFlow 通过将网络设备的控制面与数据面分离开，从而实现了网络流量的灵活控制，使网络作为管道变得更加智能。

CDN（内容分发网络）：是在传统网络中添加新的层次，即智能虚拟网络。CDN 系统综合考虑各节点连接状态、负载情况及用户距离等信息，通过将相关内容分发至靠近用户的 CDN 代理服务器上，用户就近获取所需的信息，使得网络拥塞状况得以缓解，响应时间降低、相应速度提高。

TSN（时间敏感网络）：通过数据传输最大时间来区分的一种实时性网络，具有时间同步、时延保证等确保实时性的功能，旨在为以太网协议建立"通用"的时间敏感机制，以确保网络数据传输的时间确定性。

VLAN（虚拟局域网）：一种使用交换机将设备划分到一个独立的局域网中的网络。局域网上的一组设备经配置（使用管理软件）后，设备可以如同连接在同一线路上一样进行通信，设备不受物理位置的限制。

Overlay：指覆盖网络，是在 Underlay 网络（物理传输网络）上构建的逻辑或虚拟网络。Overlay 网络克服了传统网络的缺点，通过实现网络虚拟化、分段和安全性，使传统网络更加易于管理、灵活、安全（通过加密）和可扩展。

SD-WAN（软件定义广域网）：是将 SDN 技术应用到广域网场景中所形成的一种服务，这种服务用于连接广阔地理范围的企业网络、数据中心、互联网应用及云服务。这种服务的典型特征是将网络控制能力通过软件方式"云化"，支持应用可感知的网络能力开放。

IPsec：指通过对 IP 的分组进行加密和认证来保护 IP 的网络传输协议族，是一种开放标准的框架结构，提供了一种保护工作组、局域网计算机、域客户端和服务器、分支机构（物理上为远程机构）、Extranet 及漫游客户端之间的通信能力，是安全联网的长期方向。它通过使用加密的安全服务以确保在 Internet 协议（IP）网络上进行保密而安全的通信。

MPLS-VPN：是指采用 MPLS（多协议标签交换）技术在运营商宽带 IP 网络上构建企业 IP 专网，实现跨地域、安全、高速、可靠的数据、语音、图像多业务通信，并结合差别服务、流量工程等相关技术，将公用网可靠的性能、良好的扩展性、丰富的功能与专用网的安全、灵活、高效结合在一起，为用户提供高质量的服务。

SDH/MSTP：基于同步模型同步数字体系 / 多业务传送平台，同时实现 TDM（时分复用）、ATM（异步转移模式）、以太网等业务的接入、处理和传送，提供统一网管的多业务传送平台。MSTP（多业务传送平台）充分利用 SDH（同步数字体系）技术，特别是保护恢复能力和确保时延性能，对其加以改造后可以适应多业务应用，支持数据传输，简化了电路配置，加快了业务实现速度，改进了网络的扩展性，降低了运营维护成本。

OTN（光传送网）：是指在光域内实现业务信号的传送、复用、路由选择、监控，并且保证其性能指标和生存性的传送网络。它支持客户信号的透明传送、大带宽的复用交换和配置，具有强大的开销支持能力。

5GC SA（独立组网的 5G 核心网）：支持控制与转发分离、网络功能模块化设计、接口服务化和 IT 化、增强的能力开发等新特性，满足 5G 网络灵活、高效、易开发的发展趋势。

App：指为完成某项或多项特定工作的计算机程序，它运行在用户模式，可以和用户进行交互，具有可视的用户界面。

PLC（可编程逻辑控制器）：是一种专门为在工业环境下应用而设计的数字运算操作电子系统。它采用一种可编程的存储器，在其内部存储执行逻辑运算、顺序控制、定时、计数和算术运算等操作的指令，通过数字式或模拟式的输入输出来控制各种类型的机械设备或生产过程。

DCS（分散控制系统）：是以微处理器为基础，采用控制功能分散、显示操作集中、兼顾分而自治和综合协调的设计原则的新一代仪表控制系统。

UAT（用户接受度测试）：是指部署软件之前的最后一个测试操作。在软件产品完成了单元测试、集成测试和系统测试之后，产品发布之前所进行的软件测试活动，它是技术测试的最后一个阶段。目的是确保软件准备就绪，并且可以让最终用户将其用于执行软件的既定功能和任务。

附录 4

专有名词解释

工业大数据：工业数据的总和，即企业信息化数据、工业物联网数据，以及外部跨界数据。其中，企业信息化和工业物联网中机器产生的海量时序数据是工业数据规模增大的主要因素。

机理模型：亦称白箱模型，是根据对象、生产过程的内部机制或者物质流的传递机理建立起来的精确数学模型。它是基于质量平衡方程、能量平衡方程、动量平衡方程、相平衡方程及某些物性方程、化学反应定律、电路基本定律等而获得对象或过程的数学模型，机理模型的优点是参数具有非常明确的物理意义。

边缘计算：在靠近物或数据源头的网络边缘侧，融合网络、计算、存储、应用核心能力的分布式开放平台（架构），就近提供边缘智能服务，满足行业数字化在敏捷连接、实时业务、数据优化、应用智能、安全与隐私保护等方面的关键需求。

数据安全：工业互联网业务过程中涉及的标识编码数据、标识解析业务数据、用户数据等各类数据的安全。

网络安全：工业互联网系统与应用、用户、协作方等实现互联的网络及网络边界的安全。

应用安全：支撑工业互联网业务运行的各类信息系统、标识解析业务及应用程序的安全等。

企业内网：在工厂或园区内部，用于生产要素互联及企业 IT 管理系统之间连接的网络。

企业外网：以支撑工业全生命周期各项活动为目的，用于连接企业上下游之间、企业与智能产品、企业与用户之间的网络。

　　现场总线：连接智能现场设备和自动化系统的数字式、双向传输、多分支结构的通信网络。

　　确定性网络：在一个网络域内为承载的业务提供确定性业务保证的能力，这些确定性业务保证能力包括时延、时延抖动、丢包率等指标。

　　工业 PON：无源光网络，是指 ODN（光配线网）中不含有任何电子器件及电子电源，ODN 全部由光分路器（Splitter）等无源器件组成，不需要贵重的有源电子设备。一个无源光网络包括一个安装于中心控制站的光线路终端（OLT），以及一批配套的安装于用户场所的光网络单元（ONU）。在 OLT 与 ONU 之间的光配线网（ODN）包含了光纤及无源分光器或耦合器。

　　网络虚拟化：能够实现网络资源动态调配、动态管理的技术，使一个物理网络上模拟出多个逻辑网络。通过一个公用网络（通常是因特网）建立一个临时的、安全的连接，是一条穿过混乱的公用网络的安全、稳定隧道。使用这条隧道可以对数据进行多次加密，从而达到安全使用互联网的目的。

　　网络切片：一种按需组网的方式，可以让运营商在统一的基础设施上分离出多个虚拟的端到端网络，每个网络切片从无线接入网、承载网再到核心网上进行逻辑隔离，以适配各种各样类型的应用。在一个网络切片中，至少可分为无线网子切片、承载网子切片和核心网子切片 3 部分。

　　标识解析系统：能够根据标识编码查询目标对象网络位置或者相关信息的系统，对物理对象和虚拟对象进行唯一性的逻辑定位和信息查询，是实现全球供应链系统和企业生产系统的精准对接、产品全生命周期管理和智能化服务的前提和基础。

工业互联网标识解析体系：工业互联网网络体系的重要组成部分，是支撑工业互联网互联互通的神经枢纽。

标识编码：能够唯一识别物料、机器、产品等物理资源和工序、软件、模型、数据等虚拟资源的身份符号。

企业节点：企业内部的一个标识服务节点，能够面向特定企业提供标识注册、标识解析服务、标识数据服务等，既可以独立部署，也可以作为企业信息系统的组成要素，企业节点需要与二级节点对接，从而接入标识解析体系中。

二级节点：面向特定行业或者多个行业提供标识服务的公共节点。

国家顶级节点：一个国家或地区内部最顶级的标识服务节点，能够面向全国范围提供顶级标识解析服务，以及标识备案、标识认证等管理能力。

软件即服务（SaaS）：通过网络提供软件服务的模式，厂商将应用软件统一部署在自己的服务器上，客户可以根据自己实际需求，通过互联网向厂商订购所需的应用软件服务，按定购的服务多少和时间长短向厂商支付费用。

基础设施即服务（IaaS）：用户通过互联网可以从完善的计算机基础设施获得服务，主要提供了虚拟计算、存储、数据库等基础设施服务，通常分为3种用法：公有云、私有云和混合云。其中公有云通常指第三方提供商为多个用户提供的能够使用的云；私有云是为一个客户单独使用而构建的，因而提供对数据、安全性和服务质量的最有效控制；混合云是公有云和私有云两种服务方式的结合。

平台即服务（PaaS）：将应用的运行和开发环境作为一种服务提供的商业模式。PaaS 使用户无须过多考虑底层硬件，便可以方便地构建应用。PaaS 能将现有各种业务能力进行整合，具体可以归类为应用服务器、业务能力接入、业务引擎、业务开放平台。向下根据业务能力需要测算基础服务能力，通过 IaaS 提供的 API（应用程序接口）调用硬件资源，向上提供业务调度中心服务，实时监控平台的各种资源，并将这些资源通过 API 开放给应用用户。

[1]　余晓晖，刘默，蒋昕昊，等.工业互联网体系架构 2.0[J].计算机集成制造系统，2019，25（12）：2983- 2996.

[2]　周维富.我国钢铁工业数智化转型问题初探 [J].中国经贸导刊，2022（12）：63-66.

[3]　徐化岩.钢铁流程物质流、能量流的信息表征及应用研究 [D].钢铁研究总院，2019.

[4]　任子平，李德刚，李晓伟，等.钢铁企业大数据研发平台的建设与思考 [J].钢铁研究学报，2021，33（11）：1118-1126.

[5]　金晓晖，乔建基，牛井超.数字化交付在连铸工程建设及生产中的应用 [J].连铸，2020，45（01）：23-28.

[6]　王成镇，朱立，陈显著，等.基于机器视觉的废钢智能判级系统研究与应用 [J].天津冶金，2022（04）：63-66.

[7]　王刚，邓涛，谢皓，等.韶钢铁区一体化智能管控平台应用实践 [J].炼铁，2020，39（05）：30-33.

[8]　夏绪鹏.智慧铁水运输系统研究与应用 [J].冶金自动化，2019，43（05）：6-12.

[9]　赵庆涛，黄玉彬，韩剑飞，等.鞍钢全流程质量大数据分析系统的功能与应用 [J].冶金自动化，2019，43（06）：7-12.

[10]　黄斌．信息化助力钢企实现大规模定制生产 [J]．冶金自动化，2019，43（04）：1-6.

[11]　任学宏．基于二维码跟踪的钢材线棒产品生产下线管理信息系统设计 [J].甘肃科技，2020，36（18）：16-18.

[12]　刘钟，李鹏程．宝钢湛江钢铁基地信息化建设的规划与实施 [J].冶金自动化，2019，43（05）：13-17+23.